쓰면 달라진다

쓰면 달라진다

발행일	2023년 6월 20일

지은이　고선해, 김삼덕, 김형준, 박지연, 백란현, 서유정, 송주하, 송진설,
　　　　안지영, 원효정, 이현주, 정은주, 정인구, 최주선, 황상열

펴낸이　손형국

펴낸곳　(주)북랩

편집인　선일영　　　　　　　　　편집　정두철, 배진용, 윤용민, 김부경, 김다빈

디자인　이현수, 김민하, 김영주, 안유경　　제작　박기성, 황동현, 구성우, 배상진

마케팅　김회란, 박진관

출판등록　2004. 12. 1(제2012-000051호)

주소　서울특별시 금천구 가산디지털 1로 168, 우림라이온스밸리 B동 B113~114호, C동 B101호

홈페이지　www.book.co.kr

전화번호　(02)2026-5777　　　　　　　팩스　(02)3159-9637

ISBN　979-11-6836-953-5 03190 (종이책)　　979-11-6836-954-2 05190 (전자책)

자기계발 최고의 아웃풋 글쓰기,
라이팅 코치 15인의 명쾌한 해답!

쓰면
달라
진다

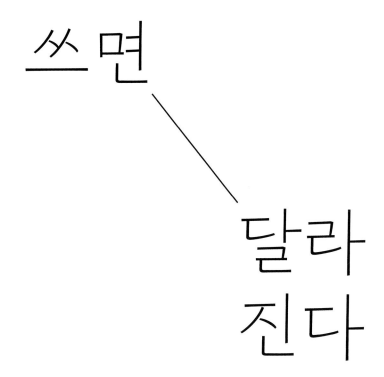

황 최 정 정 이 원 안 송 송 서 백 박 김 김 고
상 주 인 은 현 효 지 진 주 유 란 지 형 삼 선
열 선 구 주 주 정 영 설 하 정 현 연 준 덕 해

🐚 북랩

들어가는 글

글 쓰는 삶을 동경하고 희망하는 독자와 만난 지금 이 순간,

마음이 벅찹니다.

"꽃을 보고자 하는 사람에겐 어디에나 꽃이 피어 있다."

앙리 마티스의 말처럼 관심을 가지면 그것만 눈에 들어오는 법이죠. 그래서일까요? 글쓰기 책 쓰기 관련 도서들만 눈에 쏙쏙 들어왔답니다. 하나라도 놓칠세라 읽어 보며 공부했어요. 지금 이 책을 펼친 독자도 분명 글쓰기와 책 쓰기에 관심이 많은 사람 일 것입니다. 얼굴을 마주하는 만남은 아니지만 특별한 인연이라 생각됩니다.

'어떻게 하면 글을 잘 쓸 수 있을까?' 고민하며 글쓰기를 시작했습니다. 왜 잘 쓰려고 하는 걸까 생각해 보면 글을 능숙하게 쓸 때 이점이 많기 때문이겠죠. 정보를 전달하는 업무에서도 그렇고, 의사소통 면에서도 자신의 생각을 효과적으로 전달할 수 있기 때문입니다. 글쓰기 능력은 일과 인간관계에 큰 영향을 주고 있다고 볼 수 있지요.

글을 쓰는 것은 쉽지만은 않습니다. 비법이 있다면 찾아서 내 것으로 만들고 싶은 마음이 굴뚝일 것입니다. 비밀스런 묘책이 있어서 단번에 잘 쓰는 사람이 되면 좋겠지만 고민하며 쓰는 방법 외엔 없는 듯합니다.

소설가 카렌 블릭센이 권한 것처럼 매일매일 조금씩 써 보는 것이 제일이겠지요. 하지만 희망도, 절망도 느끼지 말고 쓰라는 말에는 쉽게 고개를 끄덕이기 힘듭니다. 한 문장 쓸 때마다 매번 좌절하게 되는 것은 저만의 감정이 아닐 거라 생각됩니다.

이 책에는 라이팅 코치들의 글 쓰는 삶에 관한 가치가 담겨 있습니다. 힘들었던 지난날 글 쓰며 버텼던 순간들이 고스란히 남겨져 있어요. 글 쓰는 삶을 살고자 하는 여러분에게 필요한 이야기라 여겨집니다. 다정한 친구로 여겨 주세요.

1부에는 글쓰기를 통해 달라진 삶을 담았습니다.

운동선수들이 매일 훈련하며 단련하듯이 라이팅 코치들은 매일 글을 쓰며 성장하고 있습니다. 쓰는 행위가 삶을 바라보는 관점까지도 달라지게 했어요. 또한 마음 근력까지도 키울 수 있었습니다. 이제는 작가를 넘어 책 쓰기 코치로 활동을 시작한 열다섯 명의 코치는 달라진 인생 궤도에서 여러분을 만나고자 합니다.

2부에는 작은 일상 속에서 메시지를 찾는 방법에 대해 담았습니다.
글감은 발견되는 게 아니라 인정하는 것입니다. 보이는 모든 것이 글감이고, 경험한 모든 순간이 글감이라는 것을요. 삶의 순간으로 옮겨지며 메시지가 되는 것입니다. 삶에 집중하며 생각의 촉을 세우고 오늘도 글감을 찾고 있습니다.

3부에는 라이팅 코치들이 터득한 글쓰기 방법을 담았습니다.
영감은 가만히 기다리면 오는 것이 아니라 실행하고 있는 도중에 오는 것이라는 말이 있듯이, 라이팅 코치들은 끊임없이 쓰고 또 쓰며 나만의 글쓰기 방법을 터득하고 있습니다. 글 쓰는 사람이라는 환상에서 시작해서 빈 화면을 마주하며 환장할 노릇이 되더라도. 누군가에게 위안을 주고자 하는 의지를 불태웁니다. 버티며 깨달은 글쓰기 방법을 이야기하고 있어요.

글쓰기는 언제나 어렵습니다. 정답은 없어요. 오직 글을 쓰는 시간을 통해 마음가짐이 달라질 뿐이라 생각합니다. 저의 경험을 비추어 보아도 그렇습니다.

　초등학교 4학년 때 동시 쓰기 반에 들어갔던 적이 있습니다. 선생님의 칭찬을 들으며 한참 동안 재미있게 썼었지요. 그러던 어느 날, 선생님으로부터 표현이 어색하다는 꾸지람을 들었어요. 그 뒤로는 동시 쓰기가 싫어졌어요. 어린 마음에 상처를 입었나 봅니다. 학교생활 하며 글쓰기가 좋아졌다 싫어졌다 반복했어요. 칭찬의 말을 들을 때와 그렇지 않을 때 사이에서 오락가락했습니다. 좋은 말에 글쓰기가 재미있다가도 질책의 말에 글쓰기가 싫어지기도 했습니다.

　결국에는 글쓰기가 좋아졌습니다.
　글쓰기는 인생과 다른 점이 있답니다. 수백 번도 다시 고쳐 쓸 수 있다는 것입니다. 읽고 또 읽고 반복해서 읽으면 앞뒤 문맥이 맞지 않은 표현이 보입니다. 어색한 표현을 매끄럽게 고칠 수 있지요. 지웠다 쓰기를 반복하며 나아지는 문장을 만날 수 있어요. 고쳐 쓰기 덕분에 잘 읽히는 글이 탄생합니다.
　인생은 지난날로 돌아가서 다시 살아 낼 수는 없습니다. 글쓰기가 싫어졌다며 연필을 잡지 않은 시간들이 아까워 돌리고 싶을 때도 있어요. 내가 살아온 시간이 온통 글 쓰는 삶이었으면 얼마나 좋을까 하는 아쉬움이 들거든요. 글쓰기는 되돌릴 수 없는 인생을 다르게 바라보게 합니다. 쓰지 않은 시간이 있었기에 쓰고 싶은 마음이 깊어졌다고 말입니다. 글쓰기로 인생이 고귀해집니다.

　길을 잃지 않도록 글 쓰는 삶 살아가길 바랍니다. 먼 훗날, 글을 쓰며 보낸 오늘 하루가 가장 아름다운 하루였다고 느껴지리라 믿어요. 나를 닮은 글을 쓰며 천천히 자신을 찾아가길 바랍니다. 최고의 아웃풋인 글쓰기를 통해 자신의 존재에 집중하며 사랑하세요.

송진설

차례

2부 ¶ 글감은 어디에 열려 있는가

3부 ¶ 어떻게 써야 달라지는가

Write

difference

1부

변화와 성장, 이렇게 이루어진다

1-1.

나는 오늘도 글을 쓰면서 성장 중이다

고선해

2007년, 〈부모 교육 강사 과정〉을 들으신 원장님들이 "소장님. 부모 교육에서 이야기하신 소장님의 자녀 스토리를 모아 책으로 써 주시면 좋겠어요."라고 제안을 해 주셨다. 글쓰기에 자신이 없던 나는 "제가 말하는 재주는 있는데, 글 쓰는 재주는 없답니다."라며 거절했다. 나의 거절에도 불구하고 "그냥 말씀하시듯이 편안하게 쓰시면 되잖아요.", "맞아요. 소장님이 쓰시면 저희가 무조건 200권씩 구입해 드릴게요."라며 요청하셨다. 한 명도 아니고, 두 명도 아니고, 무려 세 명이나 책을 쓰라고 하자 나의 뇌는 그들의 요청을 제멋대로 해석하기 시작했다. "야! 고선해, 용기를 내. 온 세상이 너에게 책을 쓰라고 하잖아. 그리고 네가 쓰면 무조건 구입하신다고 하잖아! 이건 기회야. 원장님들의 제안대로 말하듯이 편안한 마음으로 써 봐."

나는 용기를 내어 이야기했던 사례를 중심으로 일기 쓰듯 편안하게 글을 쓰기 시작했다. 그러나 막상 원고를 완성하고 나니 이런 글을 받아 줄 출판사는 없을 것 같았다. 더군다나 원장님들이 구입해서 부모님들께 선물로 드리기 위해서는 단가가 맞아야 했다. 나는 고민 끝에 자비 출판을 결심했다.

출판 후에는 내 강의를 들었던 원장님들께만 홍보를 했다. 강의를 통해 나에 대한 신뢰감이 생긴 터라 제목과 목차만 보고 구입을 결심하셨다. 부모님들께 선물로 드리기 위해 한 분이 50~200권씩 구입해 주셨다. 그 결과 며칠 만에 3천 권 이상의 책이 팔렸다.

'일상적인 이야기라 편안하게 잘 읽힌다.', '또 다른 책도 기대한다'와 같은 긍정적인 피드백이 돌아왔다. 하지만 '자기 자식 잘 키웠다고 자랑하는 내용이 대부분이다.', '이 정도의 수준이면 나는 열 권도 더 쓰겠다.'라는 부정적 피드백도 함께 돌아왔다. 긍정적인 독자들의 피드백이 많았지만, 그 당시에는 몇몇 독자들의 부정적인 피드백이 더 크게 들렸다. 나는 다시 책을 쓸 엄두를 내지 못했다. 부정적인 반응을 맞닥뜨릴 용기가 나지 않았기 때문이다.

그렇게 10년이 흐른 후 2018년 5월. 지인의 권유로 〈자이언트 책 쓰기 과정〉을 듣게 되었다. 원장님들의 지속적인 요청이 있었기에 제대로 배우고 책을 내야겠다는 생각에서였다. 주제 잡는 방법, 메시지 전하는 방법. 설명이 아닌 눈에 보이는 글쓰기, 문장 공부 등을 배우면서 부족했던 나의 글이 떠올랐다. 그 탓에 얼굴이 발갛게 달아오르는 경험을 여러 번 했다.

〈자이언트 책 쓰기 과정〉을 수강하는 동안, 매일 한 꼭지의 글을 써서 30일 동안 이은대 작가의 메일로 보내야 했다.

"잘 쓸 생각을 하면 한 줄도 쓰지 못할 겁니다. 모든 초고는 걸레니 그냥 무조건 쓰세요. 오늘부터 매일 한 꼭지씩 써서 제 메일로 보내세요."

글을 잘 쓰지는 못하지만, 성실한 수강생이 되어야겠다는 마음에 매일 글을 써서 보냈다. 잘 쓰겠다는 생각을 버리자 매일 쓰는 일은 어렵지 않았다.

초고를 쓰는 가운데, 힘들고 아팠던 시간을 잘 견딘 나를 만나면 대견하다고 칭찬을 해 주었다. 역경 가운데 선물처럼 다가왔던 사람들(은사님, 원장님, 친구, 출판사 사장님 등)이 떠오를 때면 감사한 마음에 눈물이 났다. 나의 과거와 만나면서 아프기도 했지만, 잊고 살았던 삶을 조각들을 맞추면서 기쁨도 맛보았다. 울고 웃으면서 글을 쓰는 과정이 즐거웠다.

'와우! 글 쓰는 일이 이렇게 즐겁다면 365일도 쓸 수 있겠다. 매일 글을 쓰면 일 년에 두 권씩의 책도 낼 수 있겠는걸.' 자신감이 생겼다. 그러나 그 자신감은 딱 초고까지였다. 퇴고와 함께 고통이 시작되었다. 수정을 거듭해도 고칠 부분이 보였다. 두통약을 먹어도 머리가 지끈지끈 아팠다. 내가 쓴 글을 백 번쯤 읽었다. 문맥 수정을 위해 읽고, 오타 확인을 위해 읽고, 수정한 부분의 교정을 위해 또 읽었다. 퇴고하는 기간에는 매일 글과 씨름하는 꿈만 꾸었다. 초고의 즐거움만 생각하고 두 권의 원고를 쓴 데다, 나의 고객들에게 출판 날짜까지 홍보한 상태라 멈출 수도 없었다. 출판 날짜에 맞추어 책을 내야 한다는 압박감에 산고와 다르지 않았다. 나도 모르게 신음 소리가 저절로 나왔고 온몸이 뒤틀렸다. 아프지 않은 곳이 없었다. 지독한 산고 후 두 권의 책(《최고의 유산》,《상처가 사명이 되어》)이 세상 밖으로 나왔다.

두 권의 책을 출판한 이후, 1년간 그 어떤 책도 읽지 않았다. 글만 보아도 멀미가 났기 때문이다. 그렇게 2018년 이후 책 쓰기를 멈추었다. 2021년 이은대 작가의 강의를 듣던 중 "책을 내려 하지 말고 글부터 매일 써라."라는 말에 동기 부여가 되어 혼자 보는 밴드에 글을 쓰기 시작했다. 집필에 목적을 두지 않았기에 스트레스도 받지 않았다. 매일 쓰는 독감일기의 횟수가 더해 갈수록 나를 인정하고 사랑하는 마음이 커지고 있다. 누군가에게 내보이기 위한 글을 쓰기엔 여전히 부족함이 많다. 그러나 지금은 그 부족함마저 즐기고 있는 나를 발견한다. 글쓰기에 관심을 가지고 3년만 지속하면 나도 나의 글에 자신감을 갖게 되지 않을까!

내가 매일 찍는 점(글쓰기)이 선(글쓰기 실력 향상)이 되고, 그 선이 화살표(세상에 유익이 되는 글)가 되리라는 것을 알기에 글쓰기를 멈추지 않을 것이다. 글을 쓰면서 매일 조금씩 성장하고 있는 나에게 응원의 박수를 보낸다.

글쓰기를 통해 달라진 점

김삼덕

소포가 왔다. 경기도에 있는 아들이 보낸 어버이날 선물이다. 뜯어 보니 책이었다. 《생각하라 그리고 부자가 되어라》 목차부터 보았다. 신념을 만들어 내는 끈기에 대해 다룬 부분이 눈에 들어왔다. 힘들고 어려운 일이 있어도 흔들리지 않는 끈기가 있어야 무너지지 않는다고 본다.

인간은 누구에게나 고난이 있다. 이 고난을 극복하려고 시도하면 할수록 성장하는 것 같다. 나도 그랬다. 사면이 산으로 둘러싸인 산골에서 태어났다. 보성강 줄기가 흐르는 곳이었다. 전남 보성군 겸백이다. 문화적 혜택을 받을 곳은 단 한 군데도 없었다. 가끔 강 모래사장에서 천막을 치고 서커스단 공연과 노래자랑이 있을 정도였다. 매일 하는 일은 막대기 하나 들고 산으로 돌아다니는 것이었다. 또 심심하면 강에서 멱을 감고 놀았다. 손등이 틀

정도로 자치기, 핀치기, 공기놀이로 하루를 보냈다. 지금 생각해도 학교에서 공부한 기억은 없고 손등 검사한 기억만 남는다. 단한 권의 책도 읽지 않았다. 물론 도서관도 없었다. 초등학교 3학년 때까지 말이다.

오빠들은 일찌감치 객지로 나갔다. 가끔 오면 '여기는 희망이 없다. 도시로 가자'는 의견을 자주 내놓았다. 그 덕에 4학년 때익산 옆에 함열로 전학을 왔다. 친구들은 나를 동물원 원숭이 보듯이 신기해하였다. 억양이 센 전남 특유의 말 때문이었다. 전남의 기질이 있지. 난 당하진 않았다. 구구단과 국민교육헌장을 외우면 곰보빵을 주었다. 80명이 넘는 학생 앞에서 당당하게 했다. 기선 제압. 그 뒤로 누구도 날 건들지 않았다. 난 읍내에서 살았다. 교회도 가고 성가대도 했다. 시골에서 칭기즈 칸처럼 돌아다닌 덕에 사람 사귀는 데는 거침이 없었다. 초등학교 때만 여섯 번을 이사했다.

이사 와서 세상 보는 눈이 달라졌다. 책을 읽기 시작한 것이다. 처음 접한 것은 소풍 가는 날이었다. 한 줄로 걸어가는데 중간에 친구랑 빠졌다. 학생이 80명이 넘으니 표도 안 났다. 숭림사까지 전교생이 걸어가니 얼마나 긴 줄일까. 시내 2층 만화방에 들어갔다. 온종일 만화책을 읽었다. 밥 먹는 것도 잊고, 선생님이 찾을 거라는 걱정도 잊은 채. 두 번째 책은 《걸리버 여행기》였다. 지금까지 머리에 각인될 정도로 재미있었다. 글쓰기는 일기를 썼다.

숙제라서 의무적으로 썼다. 학교에서 글짓기 대회가 있을 때도 그냥 나갔다. 잘한 것 같지는 않다. 끈기를 가지고 무조건 도전했다. 이런 경험도 있다. 고등학교 때 군인한테 위문편지를 써야 했다. 친구를 대신해서 편지를 많이 써 보냈다. 그냥 부탁하면 다 써주었다. 편지를 받은 군인이 진해에서 익산의 학교까지 찾아온 에피소드도 있다.

지금까지 책을 가까이는 했어도 많이 읽지 않았다. 어쩔 수 없이 전공 서적이나 필요에 의해서 읽었다. 독서 토론이나 신문사에 칼럼을 쓰는 데 필요한 자료를 구하기 위해 읽는 정도였다. 그러니 돌아서면 내용도 가물거렸다. 읽었던가? 이런 생각이 반복됐다. 읽을 때는 밑줄 긋고 읽으며 감탄했건만 반복적인 현상만 일어났다.

성인이 되면서 학문에 갈증을 느끼던 차에 멘토 한 분을 만났다. 긴 세월 동안 잡아 주는 고기만 받아먹었다. 직접 고기를 잡고 싶었다. 갈증을 느끼고 있을 때 친구가 이은대 작가님을 소개해 주었다. 특강을 듣는데 가슴이 두근거렸다. 끈기로 학문을 포기하지 않으니 귀한 분을 만나게 해 주시는구나. 주저함도 없이 바로 평생 회원이 되었다. 평생 무료 재수강. 얼마나 좋은 제도인가. 하지만 그 사슬에 2년이 넘도록 재수강만 하고 있다. 종교 생활 하듯이 꾸준히 들었다. 수요일 오전과 토요일 오전은 행복하다. 어떤 방해 요소도 없이 집에서 들을 수 있기 때문이다. 문장 수업이나 특강은 가게에서 들으니 손님들 대화 소리에 잘 들리지도 않는다. 중간중간 안주를 해 주어야 한다. 왔다 갔다 반절은 흘리면서 듣는다. 그래도 연전히 듣고 있다. 의식을 치르듯이 주방에 노트북을 켜 놓고 있다. 강의를 듣다 보니 꿈이 생겼다. 글 쓰는 작가가 되고 싶었다. 이미 공저는 몇 권 써서 작가라고는 하지만 마음에 흡족하지 않았었다. 맛을 몰랐다고나 할까. 이은대 작가님 강의를 듣고는 확고해졌다. 누구라도 글을 쓸 수 있다는 것을. 그동안은 고상한 공자님 말씀만 생각했었다. 뜬구름 잡는 얘기 말이다. 글은 보여 주기 위함이 아니라 내 일상이 글이 되어야 한다는 것을 깨달았다.

60이 넘은 나이에도 가슴이 뛴다. 이야기도 많고 쓸거리도 많다. 낮에는 학교에서 강의하고 밤에는 은성슈퍼에서 손님을 맞는다. 가게에서 새벽 1시까지 정리하고 집에 가면 2시 넘는 날이 많다. 그래도 힘들지 않다. 그것들이 다 이야기거리이기 때문이다. 타고난 성격이 긍정적이지만 작가님을 만나서 초긍정이 되었다. 모든 일을 있는 그대로 받아들이게 되었다. 억지로 되는 일은 없다. 주어진 대로 감사하며 살자. 어떤 일이 벌어져도 글감인 것이다.

작가님을 만나 투덜이는 면했다. 나를 힘들게 하거나 억울한 일이 생겨도 글감으로 받아들이게 되었다.
어느 날 홀에 손님이 꽉 차 정신이 없었다. 주문이 밀리니 알

바 두 명까지 홀로 주방으로 왔다 갔다 분주했다. 내가 홀에 잠깐 나갔다. 피아노 옆에서 드시던 손님이 나를 불렀다. "지금까지 얼마예요?" 드신 걸 보니 갑오징어, 칭따오 9병, 클라우드 1병이었다. 얼마라고 말을 했는데 카드를 안 줘서 그냥 주방으로 들어왔다. 갈 때 주겠지 하고 생각을 한 것이다. 그런데 중간에 또 불렀다. 젓가락을 달라는 것이다. 옆 테이블에 가족 손님이 생일 파티를 하고 케이크를 준 모양이었다. 젓가락을 드리니 맛있게 드셨다. 바빠서 다시 주방으로 들어왔다. 한참 지나 나가 보니 손님이 안 계셨다. 밖을 나갔는데 안 보였다.

오늘도 먹튀구나. 가끔 이런 일이 생기니 그러려니 했다. 그래도 힘이 빠진다. 그렇게 맛있게 먹고 그냥 갈 수 있을까 의구심도 생긴다. 그날도 그냥 넘어갔을 텐데 케이크를 준 손님이 경찰에 신고를 했다. 홀에 계신 손님들이 말씀하셨다. 가만두면 안 됩니다. 세상에 이런 일도 있군요. 경찰 두 명이 왔다. 조서를 받고 막던 것은 증거물로 가져갔다. 지문을 채취하면 잡을 수 있다고 했다.

며칠이 지나서 찾았다고 전화가 왔다. 경찰이 물었다. "어떤 조치를 원하세요?" 물었을 때 돈만 달라고 했다.

글쓰기를 통해 달라진 점은 어떤 상황에서도 객관적으로 바라보고 글감으로 풀어내는 것이다. 또 한 가지는 꾸준히 공부하는 어머니를 보고 딸도 글쓰기에 합류했다는 점이다. 끈기를 가지고 써 보리라. 모녀 작가가 되는 그날까지. 이 글을 읽는 독자 여러분도 글을 써 보세요. 자녀가 글을 쓴다고 하면 기쁜 일이잖 아요.

1-3.

변화와 성장은 오늘에 달렸다

김형준

농부는 겨우내 말랐던 논에 물 대는 걸로 한 해 농사를 준비한다. 물은 모가 자랄 수 있게 영양을 공급해 준다. 뿌리를 내리는 활착기에는 물의 깊이를 6~10센티미터 유지하고, 새끼치기에 들어간 벼는 물 깊이를 1~2센티미터로 얕게 대 주어야 한다. 또 벼의 품질을 결정짓는 논에 물을 완전히 떼는 시기는 이삭을 팬 후 30~40일 경이다. 시기마다 물의 양을 조절하지 못하면 풍작을 기대하기 어렵다. 집중호우로 인한 침수 피해 시 흰잎마름병이 발생할 수도 있어서 긴장을 늦출 수 없다. 물을 대고 수확하기까지 물관리는 농부에게 가장 중요한 일이다. 한 해 농사의 성패는 물관리에 있다고 해도 과언이 아니다. 우리 인생도 논에 물을 대듯 때를 놓치지 말아야 할 시기가 있다. 주저하다가 때를 놓치면 더 나은 삶을 기대하기 어렵다.

3개월째 월급이 안 나왔다. 파푸아뉴기니에 체류 중인 대표는 곧 해결된다는 말만 반복했다. 대표는 나를 믿는다며 다른 직원들이 동요하지 않게 다독여 주라고 부탁했다. 대표의 동생인 관리부장을 제외하고 내 말을 믿고 따랐다. 그러니 선뜻 그만두겠다는 말이 안 나왔다. 아내에게도 상황을 설명하고 조금만 더 버텨 보겠다고 말했다. 다른 대안이 없던 터라 아내도 내 말을 따랐다. 다음 달에도 대표는 약속을 어겼다. 현지 자금도 떨어져 공사도 멈췄다. 파견된 직원 중 몇몇은 월급을 포기하고 조기 귀국했다. 현지에서 돌아온 직원의 입을 통해 그곳 분위기가 심상치 않음을 전해 들었다. 대표는 아랑곳하지 않고 거의 다 됐다는 말만 되풀이했다. 국내 사무실에서도 할 일이 없었다. 새 직장을 구할 수도 없어서 궁여지책으로 업무 시간에 공인 중개사 시험을 준비했다. 대표는 물론 누구도 눈치 주거나 말리지 않았다. 9개월 동안 공부했고, 월급은 여전히 안 나왔다. 더는 가능성이 없다고 판단해 그제야 노동부에 신고했다.

　　앞서 퇴사한 직원들이 신고한 탓에 대표는 이미 검찰에 기소된 상태였다. 이 말은 체불 임금을 직접 받을 방법이 없다는 의미였다. 체당금 신청은 가능했다. 못 받은 5천만 원 중 1천 8백만 원을 받았다. 남은 월급은 경매를 통해 받아 내려고 대표의 재산을 찾았다. 대표의 부모는 물론 동생까지 전부 회사에 이름을 올린 터였다. 그동안 번 돈은 월급과 각종 경비, 임대료 등으로 가족들과 골고루 나누어 가진 꼴이었다. 짐작은 했지만 정작 눈으로 확인하니 대표를 믿었던 내가 더 한심했다. 그러니 무슨 수를 써서라도 못 받은 월급을 받아 내고 싶었다.

거래처에 보관 중이던 1억 원짜리 포클레인 부속이 있었다. 법원에 압류와 경매 신청을 했다. 대표는 내줄 수 없다며 빼돌리려고 했다. 다행히 협력 업체의 도움으로 미리 준비한 장소로 먼저 옮겼다. 대표는 적반하장으로 동료와 나를 고소하겠다고 협박했다. 그사이 경매 개시 결정이 났다. 경매는 세 번 유찰 끝에 주인을 찾았고 우리 손에 각각 8백만 원씩 들어왔다. 고생에 비하면 턱없이 모자란 돈이었다. 대표는 잘못을 뉘우치기보다 억하심정으로 우리를 경찰에 신고했고 특수절도죄가 적용돼 검찰로 송치되었다. 경매가 다 끝나고 검찰에 출석했다. 검사는 전후 사정을 고려해 기소 유예 5년으로 사건을 종결지었다.

이제까지 맺고 끊는 걸 제때 못 했었다. 월급이 안 나오고 3개월 뒤 퇴사했으면 더 큰 손해도 안 보고, 죄도 짓지 않았을 것이다. 내 의지대로 선택하고 결정하지 않았기에 치른 대가였다. 비슷한 일이 또 있었다. 한 번은 면접관이 입사해도 당분간은 어려울 수 있으니 조금만 버텨 줄 수 있겠냐고 물었다. 면접 보러 오라는 곳도 없어서 노는 것보다 낫겠다 싶어 입사를 결정했다. 입사 후 어려운 시기만 견디면 충분히 보상하겠다는 말을 수시로 했다. 한두 달은 그럴 수 있다고 참았다. 3개월 지나자 슬슬 불안해졌다. 그나마 그즈음 첫 월급을 받았다. 3개월치 월급을 깔아 놓고 다녔다. 입사 후 6개월 만에 회사는 폐업했다. 못 받은 3개월 치 월급도 함께 날아갔다. 인정에 끌려 냉정하게 판단하지 못했다. 결국 그로 인한 피해는 나와 내 가족의 몫이었다. 인간관계도 다르지 않았다. 누구와 술을 마셔도 항상 끝까지 남았다. 붙잡는 사람도 없는데 먼저 일어나는 게 예의가 아니라고 생각했기 때문이다. 직장에서 내 일이 바빠도 상사가 시키는 일을 먼저 했다. 그런들 결국 내 시간만 뺏기고 나만 더 바빠질 뿐이었다. 때를 맞춰 맺고 끊지 못했던 탓에 늘 끌려다니며 살았다. 그러다 보니 시간에 쫓겼고, 마음에 상처를 입었고 우유부단했었다.

책을 읽고 글 쓴 지 6년째다. 6년 전 시작하지 않았다면 지금의 나는 없었을 것 같다. 우연찮은 기회에 책을 읽었고 내친김에 글도 쓰기 시작했다. 매일 읽고 쓰기를 반복한 덕분에 책을 6권 냈고, 지금은 책 쓰기 코치가 되었다. 이만큼 해낼 수 있었던 건 때를 놓치지 않았기 때문이다. 이제까지 선택의 순간이 여러 번 있었다. 직장을 옮길 때, 부업을 시작했을 때, 작가이자 강연가를 선택했을 때. 지금의 나는 이제까지 내린 선택의 결과다. 그중 무엇보다 하루를 내 의지대로 사용하겠다는 선택이 지금의 나를 있게 했다. 직장인이라 하루 중 내 뜻대로 사용할 수 있는 시간은 정해져 있다. 출근 전과 퇴근 후다. 새벽 4시 반에 일어나면 10분 동안 일기를 쓴다. 자가용으로 출근하는 40분 동안 오디오북을 듣는다. 업무 시작 전까지 글을 쓴다. 퇴근 후에는 글쓰기 수업을 듣고 강의안을 만든다. 주말에도 시간대만 다를 뿐 읽고 쓰는 건 다르지 않다. 매일 출근 전 3~4시간, 퇴근 후 2~3시간은 작가이자 강연가가 되기 위한 시간이다. 지난 6년은 이전까지 시간에 쫓기고 마음에 상처 입고 우유부단했던 나에게 물을 대는 시간이었다. 반복되는 하루 중 정해진 시간을 지켜 나를 위해 투자해 오고 있다. 이 과정에서 무엇을 포기하고 어디에 우선순위를 둘지 배웠다. 농부가 논에 물 대는 시기와 양에 따라 한 해 농사가 결정되는 것처럼 말이다.

논에 대는 물의 양에 따라 벼의 성장이 결정된다. 물의 양 못지않게 깨끗한 물을 대는 것 또한 중요하다. 오염된 물은 벼를 죽일 수도 있기 때문이다. 우리 인생도 다르지 않다고 생각한다. 제때 올바른 결정을 내리는 것도 중요하지만, 주어진 하루 동안 무엇을 할지 결정하는 것 또한 중요하다. 결정이 필요한 때를 놓치면 남는 건 후회고, 하루에 최선을 다하지 않았다면 반성만 남는다. 때를 놓친 결정, 최선을 다하지 않은 하루가 쌓이면 결국 삶도 오염된 물 때문에 죽는 벼와 다르지 않을 것이다.

새벽 기상, 일기 쓰기, 독서, 글쓰기, 금주와 식단 관리, 매일 반복하는 것들이다. 6년 전 책을 읽기 시작하지 않았다면 갖지 못했을 것들이다. 그때를 놓쳤다면 여전히 남의 말에 휘둘리고 끌려다니며 살았을 것 같다. 다행히 지금은 매일 정해 놓은 시간 동안 하고 싶은 일을 하며 산다. 남에게 끌려다니던 나도 글을 쓰고 책을 읽으면서 내 시간을 의지대로 사용하고 있다. 이 시간이 쌓

인 덕분에 후회 없는 하루를 만들어 가고 있다. 후회 없는 하루를
살며 남은 인생도 내 의지대로 살아갈 것이다.

1-4.

마흔, 두 번째 인생을 시작하다

(박지연)

"방송은 네가 나갔는데, 내가 종일 축하 전화를 받네."

2023년 4월 28일 KBS 대구 〈아침마당〉 프로그램에 출연했다. '경력 단절 탈출기'를 주제로 하는 회차에, 두 명의 작가들과 함께 패널로 나갔다. 어린 시절 두성으로 찢어지게 불렀던 동요 "텔레비전에 내가 나왔으면 정말 좋겠네. 정말 좋겠네."의 '정말'이 현실이 되었다. 방송 당일 오전, 녹색 어머니 교통 봉사가 있었다. 사전 녹화 한 내 모습이 브라운관에 어떻게 나올까 궁금했지만 맡은 역할을 충실히 하고자 노란 깃발을 들고 학교 후문에 서 있었다. 봉사 활동 중인 8시 25분, 본 방송이 시작되었다. 손목에 찬 스마트 워치에 메시지를 알리는 진동이 끊이질 않았다. 어떻게 나왔길래 그러는 건가 궁금했으나 아이들의 안전에 집중했다. 이십 분 후, 깃발을 반납하고 걸어가며 메시지를 확인하니 가족,

지인, 함께 출연한 두 작가의 실시간 반응이 채팅창을 시끌벅적하게 채웠다. 엄마는 다음날까지도 지인들로부터 축하 메시지를 받았다고 했다. 이 자리에 나를 서게 해 준 글쓰기 사부님께 메시지를 보냈다. 오랜만에 효도하게 해 주셔서 감사하다고.

처음 글을 쓰기 시작한 건 2021년 1월. 삼 년 전부터 함께 독서 모임을 해 오던 일곱 명의 멤버들 덕분이다. 스터디와 별개로 우리 이야기를 담은 글을 써 보자는 말을 심심찮게 해 왔다. 여러 번 화두가 되긴 했지만, 구체적으로 연결되지는 않았다. 코로나로 인해 일 년째 오프라인 모임이 멈춘 상황에서 한 명이 적극적으로 제안했다. 우리 중, 출간 경험이 있는 두 명의 작가는 글쓰기 지도 및 출간 과정을 도와주겠다고 했다. 의지만으로도 출간될지 의구심이 들긴 했다. 글쓰기 연습만 하다 끝날 수도 있을 것 같았다. 책으로 나오지 않아도, 좋은 경험인 것만은 확실하다는 판단에 밀고 나갔다. 교양 인문서로 최진석 작가의 《인간이 그리는 무늬》를 선택해 독서 스터디와 글쓰기 연습을 함께 진행했다. 매주 한 챕터씩 읽고 글 속에서 글감을 찾아 각자의 이야기를 적기로 했다. A4 용지 한 장을 채워야 하는데 쉽사리 자판을 누를 수가 없었다. 정답을 적어야 하는 것도 아닌데 모니터와 나, 둘의 신경전이 벌어졌다. 한 단어를 쓰고 지우고 한 줄을 쓰고 지우다 보니 써 내려 간 글보다 지운 글이 더 많았다. 마감 전, 다른 사람들의 글이 올라오면 심장이 쪼그라든다. 진도는 나가지 않는데, 마음만 조급하다. 이 순간이 괴로운 손이 자판을 두드리기 시작한다. 억지스레 단어, 문장, 문단을 맞춰 글 한 편을 완성했다. 두 달의 진통을 겪은 후, 우리의 이야기를 담은 글을 쓰기 시작했다. 초고 두 달, 퇴고 두 달, 투고 두 달. 그해, 11월 15일 《나는 나를 사랑해서 책을 쓰기로 했다》를 출간하며 작가의 반열에 올라탔다.

　　출간의 기쁨도 잠시, 《영어 그림책, 하브루타가 말을 걸다》의 이영은 작가가 진지한 표정으로 말했다. "이제 너의 이야기를 써야지." 대답 대신 콧김을 흘려보냈다. 한다 해도 지금은 때가 아니라며 화제를 전환했다. 출간한 도서가 집에 도착했다는 알림 문자가 왔다. 소파에 있던 아이들이 현관문을 열고 가져온다. 빨리 뜯으라고 재촉한다. 목차를 보며 엄마가 쓴 글이 실린 페이지를 펼친다. 아홉 살인 첫째가 소파에 쪼그리고 앉는다. 자리 이탈도 없다. 눈도 끔뻑이지 않는다. 글에 눈이 고정된 채 다음, 그다음 페이지로 넘긴다. 마음이 꿈틀거렸다. 도전해 볼까. 기울어져 가는 마음에 확신이 필요했다. 이영은 작가에게 전화했다. 고민을 듣자마자 판사 봉을 내리치며 갈등 상황을 종결해 주었다. 그해 12월, 출간한 지 보름도 지나지 않아 이은대 작가가 운영하는 〈자이언트 북 컨설팅〉에 등록했다.

　　여태 내가 쓴 글은 글이 아니었다. 속 빈 강정이란 게 이런 거구나. 수업을 들을수록 고개가 숙어졌다. 글은 말로 표현하는 것과는 확실히 달랐다. 일상 대화에서는 주어와 서술어가 일치하지 않아도 같은 말을 여러 번 반복해도 이해하는 데 어려움이 없으나, 글은 달랐다. 주어와 서술어만으로도 말이 되어야 한다. 똑같은 단어를 반복하면 지루하다. 어려운 단어가 많으면 가독성이 떨어져 독자가 책을 덮을 수도 있다.

문법, 구성, 맥락, 메시지 등이 적절히 조화를 이룬 글을 쓰기 위해서는 독서가 병행되어야 한다. 기름진 땅에서 농사가 잘되듯 독서로 글을 쓰기 위한 텃밭을 일구어야 했다. 육아서, 어학 교재와 관련한 책만 읽어 온 터라 배경지식, 어휘력, 문해력도 부족했다. 인문 도서, 고전, 역사서는 시도조차 하지 않았다. 글 쓰는 방법을 배우려 했는데 독서라는 밭을 갈고 글이라는 씨앗을 심으라 하니 망설여졌다. 번지수를 잘못 찾은 듯했다. 우왕좌왕하며 한 달을 버리다가 마음을 먹고 계획을 세우니 하루가 촘촘해졌다. 인문학, 자기계발, 문학 소설, 에세이 등 장르별로 골고루 읽기 시작했다. 두 계절이 지나며 역사나 고전도 시도했다. 혼자는 버겁다는 생각에 관련 모임을 찾아 나섰다. 여섯 명의 멤버들과 시작한 《태백산맥》 독서는 여섯 달의 여정을 거쳐 올해 4월 초에 마무리 지었다. 각자의 속도대로 읽고, 필사하고, 느낀 점을 나눴다. 글쓰기 수업을 들으며 나만의 독서 방법도 생겼고 쓰는 근육도 붙었다. 수업을 듣고 독서하며 간간이 내 이야기가 담긴 글을 써 내려 간 결과 2022년 10월 25일, 나와 아이들의 10년 추억을 담은 《역마살 엄마의 신호등 육아》를 출간할 수 있게 되었다.

공저를 기회로 글을 쓰기 시작하며 글 쓰는 삶에 올라탔다. 출간하니 '작가'라는 호칭이 생겼다. 그 타이틀에 부응하기 위해

일 년에 한 권씩 책을 집필하자는 목표도 세웠다. 글 쓰는 삶도 살고 글을 쓰고자 하는 사람들에게도 도움이 되고자 올해 초, 글쓰기 코칭 과정도 수료했다. 출간 전까지만 해도 나의 타이틀은 경력 단절 주부였지만 지금은 다르다. 빈 명함, 책날개 부분에 적을 수 있는 소개 글 한 줄이 늘어나고 있다. 이제는 경력 단절 주부가 아닌 경력 단절에서 탈출한 주부다. 글을 쓰고 책을 읽으며 하루를 충실하게 보내다 보니 티브이에 출연하는 기회까지 생겼다. 의사이자 심리학자인 칼 구스타브 융의 말에 따르면 마흔이 되면 마음에 지진이 일어난다고 한다. 마흔에 여진이 일어나며 공저를 쓰기 시작했고 마흔하나에 강진이 일어나며 단독 저서를 썼다. 마흔둘인 지금은 그 진동을 잔잔하게 이어받아 나만의 이야기를 담은 책들을 출간하며 작가로서 그리고 글을 쓰고자 하는 사람들에게 도움을 주는 코치로서의 두 번째 인생을 맞이하려 한다.

1-5.

백작(白作) 스타트

(백란현)

IMF 시절 교대에 입학했다. 졸업할 때까지 월세를 제때 내지 못했다. 등록금 대출로 4년간 버텼고 생활비는 개인 과외 아르바이트로 충당했다. 부분 장학금이라도 받기 위해 잠을 줄여 가며 공부했다. 휴학해야 갈 수 있었던 일본 교환 학생 기회도 포기했다. 오직 교사 발령을 빨리 받는 것이 내가 살길이었다.

첫 월급이 140만 원이었다. 월급도 받기 전에 근무할 때 입을 정장을 구입했다. 첫 출근 일주일 전, 발령지가 김해로 결정되었고 급하게 원룸도 구했다. 짐도 넣기 전에 500만 원 보증금과 30만 원 월세부터 냈다.

아빠의 운수업도 IMF 위기를 맞았다. 일거리가 없었음에도 매달 회사에 낼 돈과 차량 유지비 등 고정 지출은 그대로였다. 가끔 5톤 트럭에 짐을 실으러 갈 때에는 나에게 기름 값을 받아 갔다. 아빠에게 매달 20만 원에서 50만 원까지 보냈었다. 아빠의 부탁을 거절하지 못했던 나는 현금 서비스까지 받아서 송금했다. 신용 카드 빚은 늘어났다. 수신 전화벨 소리에 자주 놀랐다. 지금도 내 전화벨 소리는 무음이다.

아빠의 심근경색 수술 두 번, 후두암 수술 두 번, 폐암 수술, 무릎 관절 수술 등 병원비를 내야 할 때마다 은행과 연금 공단에서 대출을 받았다. 교육 공무원이었지만 신용 불량자가 되었고 8년간 신용회복위원회 빚을 갚았다. 신용 카드 없이 현금으로 생활했다. 둘째가 아파도 돈이 없어서 입원을 망설일 정도였다.

남들은 가정에 걱정거리가 생기면 업무에 집중할 수 없다 하는데 나의 경우에는 반대였다. 경제 고민이 생길 때마다 학교 일에 더 몰입했다. 수업 대회 결과 국어 1등이라는 성과도 냈었고 유네스코 학교 운영으로 교육감 표창도 받았다. 일에 몰입하는 시간에는 돈 걱정을 하지 않아서 좋았다.

남편이 집에서 운영하는 수학 공부방 회원이 한 명씩 떨어져 나갈 때마다 회원 모집 방법에 대해 고민했다. 남편에게 전단지를 만들게 했고 홍보 방법도 제안했다. 학부모 마음 얻어 회원으로 받을 수 있는 요령이 나에겐 훤히 보였다. 나의 적극적인 성격과 반대였던 남편은 가는 회원 막지 않았고 등록을 망설이는 회원을 설득하지도 않았다.

1년 반만 더 갚으면 신용회복위원회 8년 상환도 끝나 갈 때였다. 막내가 생겼다. 뒤늦게 중등 임용 고시를 보겠다는 남편은

쓰면 달라진다

공부를 포기했다. 육아 휴직은 꿈도 꾸지 못한 채 세 아이 직장 맘 육아는 시작되었다. 나는 가장이었다. 학원 보낼 교육비도 없었다. 월세와 식비에 돈 쓰기에도 벅찼다. 시댁 부모님 덕분에 막내 산후조리원비를 해결했다. 출산 휴가 3개월이 끝나자마자 출근했다. 낮에 짬을 내어 유축 하는 일도, 막내를 어린이집에 적응시키는 일도 만만치 않았다. 나를 기다리는 어린이집 차량으로 인하여 하던 일을 챙겨 칼퇴 했었다. 막내가 태어난 지 2년이 되었을 때 내가 추가 수익을 낼 수 있는 일은 무엇이 있을까 고민하기 시작했다. 세 아이 키우면서 여전히 친정 아빠에게 병원비 포함하여 매달 돈을 보냈다. 학교 안에서 수당 챙길 수 있는 영재 교육 강사, 학습 부진 학생 지도는 내가 맡아서 해 보았지만 늘 생활비에 쪼들렸다. 교육 공무원으로 합법적으로 돈을 더 벌 수 있는 방법에는 무엇이 있을까.

인세 소득. 선생님들 사이에서도 '사이드 프로젝트'라는 이름으로 유튜브와 집필을 시작한다는 소리를 들었다. '작가'에 도전하기로 했다. 경남대표도서관에서 작가를 초청한다고 해서 전안나 작가, 임영주 박사 강의를 들었다. 책 출간하는 방법을 무료로 알려 준다고 해서 김태윤 작가 강의도 들었다. 책 쓰면 돈이 될 것 같았다. 서둘러 책 쓰는 방법을 배워야겠다고 생각했고 책 쓰기 강의를 알아보았다. 추천을 받아 〈자이언트 북 컨설팅〉 이은대 대표의 무료 특강을 들었고, 평생회원으로 등록했다. 곧바로 집필을 시작했다. 수포자를 위한 수학 교육 로드맵. 그동안 수학 공부방에서 수익은 크게 얻지 못했으나 나의 집필만큼은 남편 도움도 받을 수 있을 것 같았다.

빨리 성과를 내고 싶었으나 책 쓰기는 생각보다 어려웠다. 평생 무료 재수강이지만 '평생' 들을 생각은 없었다. 책을 낼 때까지 듣겠다 생각했고 할부가 끝나는 날까지만 개근해야겠다는 마음도 가졌다.

한 달, 두 달 반복해서 책 쓰기 강의를 듣는 동안 돈을 벌기 위해 책을 쓰겠다는 내 생각은 잘못되었다는 사실을 알게 되었다. 철저하게 독자를 돕는 작가가 되어야 함을 서서히 받아들였다. 다른 사람의 인생을 돕기 위해서는 내 경험을 있는 그대로 글에 꺼내 놓아야 한다는 것도 자이언트 책 쓰기 수업을 통해 알게 되었다.

교육서를 쓰겠다고 한 이유는 무엇이었을까. 실패와 어려움 같은 개인사를 드러내지 않고 오로지 지식만을 전달하고자 하는 마음 때문이었다. 형편이 어려웠다 정도로만 쓰고 말았던 예전 글과는 달리 지금 이 글을 쓸 수 있었던 가장 큰 이유는 내가 '백작'으로 살기 시작하면서 3년간 꾸준히 책 쓰기 강의를 들었기 때문이다. 내 경험을 책에 담아 다른 사람 돕는 마음을 품었다. 나에게 글쓰기는 교사로서의 체면을 내려놓을 수 있게 해 주었다. 독자들에게 도움이 된다면 경제적으로 어려웠던 과거도 기꺼이 털어놓을 수 있는 용기도 생겼다.

작가로 살아갈 날 많이 남았다. 앞으로 어떠한 주제로 내 삶을 고백하게 될지 알 수 없으나 글쓰기 덕분에 친정 부모에 대한 서운함도 많이 내려놓았다. 부모의 삶을 어느 정도 헤아릴 수 있는 작가가 되었다. 글쓰기를 배운 덕분에 무거웠던 삶이 지금은 가볍다.

학교 도서관 운영과 독서 교육 경험을 《조금 다른 인생을 위한 프로젝트》에 담은 지 1년이 넘었다. 동료 교사뿐만 아니라 얼굴을 모르는 사서 교사들이 책을 읽었다고 연락해 온다. 서평과 소감을 전해 주는 독자 덕분에 1년 내내 출간의 기쁨을 누리고 있다. 오늘도 초등 독서 교육 전문가로 살아간다. 시작은 추가 소득을 위해서였지만 쓰는 삶의 가치를 알기 시작하면서 내 삶을 바라보는 관점이 바뀌었다. 우선 내가 소중하다는 사실부터 받아들였다.

아이 셋에 육아 휴직 없는 직장 맘. 여전히 가정 경제는 나에게 숙제다. 그러나 글 쓰면 삶이 달라질 수 있다는 사실을 전하는 라이팅 코치의 삶이 기다리고 있기 때문에 과거만큼 절망하거나 걱정하지 않는다. 현실을 극복할 수 있는 추진력을 가지고 있다. 나는 '白作' 글쓰기/책 쓰기 전문 과정을 운영하는 백작이다. 백작 스타트다.

1-6.

스스로 답을 찾는 과정

서유정

2000년. 00학번. 대학생이 되었습니다. 여름 방학이 시작되고 자격증 연수 과정에 들어갔어요. 레크리에이션 지도자 2급. 첫 자격증을 땄습니다. 어떤 자격증인지도 모르고 체육 관련 스펙을 쌓아야 한다는 생각이었습니다. 수영, 보디빌딩, 청소년 지도사, 음악 줄넘기, 검도, 유도, 요가(다양한 종류로), 필라테스 닥치는 대로 자격증을 땄습니다. 이력서 한 줄이 소중했기 때문이지요. 아르바이트를 했습니다. 유아 체육, 수영 강사, 헬스 트레이너, 입시 체육, 주말 체육, 요가 강사. 글로 나열만 해도 숨이 찹니다. 대학 졸업 후에는 수영 정규직 강사를 하며 대학원을 다녔습니다. 요가 지도자 과정도 병행했습니다. 주말에도 당연히 일했습니다. 성인이 되고 지금까지 배움과 일을 멈춘 적 없습니다. 출산 전 한 달, 출산 후 석 달을 제외하고요.

2012년, 요가 강사를 하다 보니 자연스레 명상을 접하게 되었습니다. 처음부터 명상이 좋았던 건 아니에요. 명상하기 위해 눈을 감으면 잠에 빠져들기 바빴으니까요. 요가 강사로서 명상 자격증 하나 더 있으면 도움이 될 것 같았습니다. 요가 강사로서 좋은 기회를 더 많이 만들 수 있을 테니까요. 인천 공항에서 비행기를 타고 홍콩으로 갔습니다. 7시간을 경유했습니다. 다시 5시간을 비행해 인도 첸나이 공항에 도착했습니다. 첸나이는 남인도에 있습니다. 공항에서 버스를 타고 몇 시간 달렸습니다. 도로에는 소들이 지나다닙니다. 버스도 멈췄다 섰다 반복합니다. 차선이 어디인지도 잘 모르겠습니다. 새벽 4시 20분. 아카데미에 도착했습니다. 커다란 철문이 열렸습니다. 인도 선생님들이 마중 나와 계십니다. 버스에서 내리는 우리를 환영해 주셨지요. 늦은 시간이라 숙소에 도착해 대충 짐을 풀고 잠들었습니다. 아침에 눈을 떴을 때 창밖으로 건물이 아닌 땅과 하늘만 보입니다. 건물로 막혀 있는 도시에만 있다 보니 이런 풍경은 낯섭니다. 숙소에서 나와 길을 따라 걸어가면 붓다 데크가 있습니다. 붓다 데크로 올라가면 끝도 없이 펼쳐진 바다가 있습니다. 파도 소리가 들려옵니다. 기분 좋은 바람도 붑니다. 수업은 아침부터 밤까지 이어졌습니다. 명상 이론 수업도 있었고 체험 수업도 있었습니다. 긴 하루를 보내고 둘째 날 아침이 되었습니다. 사마달시니지 선생님께서 수업을 진행합니다. 첫날 수업 경험을 이야기해 보기로 했습니다. 한 명씩 마이크로 배턴을 넘겨받습니다. 경험을 나누었습니다. 자연과 하나 되는 경험을 한 사람, 오랜 갈등에서 벗어난 사람, 스트레스의 원인을 알아차리게 된 사람. 다른 사람들의 경험이 신기했습니다. 제 차례가 되었습니다.

"저는 살면서 별로 큰 문제가 없어서인지 지금 너무 좋습니다. 하늘도 너무 예쁘고 제가 좋아하는 바다도 있고 그저 좋습니다." 제 이야기를 들으신 선생님은 고개를 끄덕이시고는 한동안 침묵을 유지하셨습니다. 잠시 후 커다란 눈으로 저를 다시 바라보며 "그게 아니라, 당신 마음으로 들어가고 싶지 않은 게 아닌가요?" 머리를 한 대 맞은 것 같았습니다. 정신이 번쩍 들었지요. 둘째 날 강의가 시작되었습니다. 선생님의 말 한마디에 마음과 접촉이 처음 시작되었습니다. 숙소에 돌아가서 그날의 경험을 적기 시작했습니다. 마음과 정면으로 마주 본 경험은 그날이 처음이었습니다. 마음으로 한 차원 더 깊게 들어갈 수 있게 해 준 것은 글쓰기였습니다. 그러고 보니 명상 체험 시간에 다른 사람들의 경험에 주의를 기울이고 있었습니다. 글쓰기는 밖으로 향하는 주의를 내 마음으로 향하게 해 주었습니다.

"선생님도 책 한번 써 봐요."
《라이프스타일로 마케팅하다》 이상구 작가님과 아내이신 이승혜 선생님과 이야기 나누는 자리였습니다. 책 쓰기 수업을 추천해 주셨습니다. 집에 오자마자 책상에 앉았습니다. 노트북을 열어 강의 일정을 확인하고 수강 신청을 했습니다. 책을 쓰면 요가 명상 강사로서 하나의 능력을 더 갖추게 된다 생각하니 배우고 싶은 욕심이 생겼습니다. 책 쓰기 수업을 듣게 된 지 이제 3년 차가 되었습니다. 어느 날 명상학 박사가 되어야겠다는 결심이 섰습니다. 명상을 안내하다 보니 부족한 것 같습니다. 더 배워야 하지 않을까 생각이 든 것이지요. 대학원 박사과정을 시험 보았습니다. 교수님께서는 명상을 제대로 하려면 석사부터 밟고 올라가면 좋겠다고 합니다. 주변 모든 사람들이 반대했습니다. 이제 그만 좀 배워도 되지 않겠냐고, 취미로 돈 쓰러 다니냐고. 게으른 소리라 생각했습니다. 명상학 석사 편입생으로 학교에 다니게 되었습니다. 하루 일정을 떠올릴 때면 나도 모르게 한숨이 나왔습니다. 아침에 아이를 유치원에 보냅니다. 한 시간 거리에 기업 강의를 다녀옵니다. 집으로 돌아오면 온라인으로 학교 수업을 듣습니다. 30분 정도 시간이 있습니다. 차가 밀리는 날에는 30분도 허락되지 않는 날도 있습니다. 남는 시간에 서서 밥을 되는 대로 말아 먹습니다. 온라인으로 학교 수업에 접속합니다. 한 과목 마치면, 다음 수업이 있습니다. 아이가 집으로 돌아옵니다. 저녁에는 온라인 요가 수업을 진행합니다. 점점 버겁다는 생각이 들었습니다. 무언가 하나는 빼야 하는데, 내려놓아야 할 것이 무엇인지 모르겠습니다.

새벽 5시. 일어나 명상을 합니다. 글쓰기를 시작하지요. 글쓰기 덕분에 새벽 기상을 시작한 지 이제 1년이 조금 넘었습니다. 아침마다 일기를 씁니다. 일기를 쓰면 머릿속이 정리되어 좋습니다. 인도에서 느꼈던 마음과 마주 보는 느낌이 들기 때문입니다.

멈춤 없이 달리는 것. 오랜 습관이었습니다. 지금까지 살아온 패턴이었습니다. 요즘 흔히 말하는 스카이 대학은 아니니 배우고 경력을 쌓아야 한다 생각했습니다. 요가 강사로도 실력이 부족한 것 같아 계속 배웠습니다. 명상 강사로도 부족한 것 같아 또 배웁니다. 한순간도 멈추지 못합니다. 멈추면 마음이 불안하기 때문이지요. 배우려고 하는 것. 문제가 아닐지 모르겠습니다. 단, 배움을 소화시켜야 하는데, 그 과정이 없었습니다. 배우고 또 다음 것을 배우기 바쁩니다. 어떤 하나에도 온전히 주의를 기울이지 못하고 있습니다. 과정을 충분히 즐기지 못합니다. 다르게 살고 싶습니다. '멈춤'이란 게 필요하단 생각을 하게 되었습니다. 진짜 그렇게 부족한가 질문도 해 봅니다. 어릴 적부터 키워 온 습관적 생각입니다. 익숙한 생각이지요. 글을 쓰다 보면 마음이 고요해집니다. 부산스럽게 바빴던 마음이 글로 세상 밖으로 나가며 마음이 차분해집니다. 글쓰기는 나를 멈추게 해 주었습니다. 지금은 더 채우려 하는 것보다 멈추어 하나라도 진득하게 습득하는 것이 필요합니다. 글쓰기를 꾸준히 이어 갑니다. 글쓰기가 완전히 삶이 되면 하나씩 다른 배움을 얹어 보려 합니다. 글쓰기는 스스로 답을 찾아갈 수 있도록 도와줍니다. 글쓰기를 통해 오늘도 마음 근력을 키웁니다.

1-7.

저는 송주하 작가입니다

송주하

미용을 15년 정도 했습니다.

대학 다닐 때 IMF가 터졌습니다. 선배들 대부분이 과랑 관계 없는 시험을 준비하고 있었습니다. 공무원 시험이 가장 많았습니다. 그들의 모습을 보면서 생각이 많아졌습니다. 우연히 헤어 디자이너에 대한 TV 프로그램을 보게 됐습니다. 멋져 보이더군요. 손으로 하는 일에 관심이 많았습니다. 왠지 잘할 수 있을 것 같다는 생각도 들었고요. 무엇보다 돈을 많이 번다고 했습니다. 무작정 미용 학원에 등록부터 했습니다. 그 뒤에 부모님께 알렸습니다. 노발대발했습니다. 예상했던 것보다 반대가 심했습니다. 한 번에 붙는 조건으로 시험에 응시하게 되었고, 미용 자격증을 땄습니다. 그때부터 미용 일을 시작했습니다.

꽤 오랜 시간 동안 '미용'이라는 세상 속에서 살았습니다. 꿈도 있었고, 노력도 했습니다. 세미나가 있으면 빠지지 않고 들었습니다. 그렇게 앞만 보면서 달렸습니다. 서른 즈음에 제 가게를 차리게 되었고, 저는 어엿한 '원장님'이 되었습니다. 그런데 하나의 일만 오래 해서 그랬을까요? 어느 순간부터 일이 지겨워지기 시작하더군요. 사람들이 말하는 슬럼프였습니다. 처음에는 몰라서 배운다는 마음으로 열정을 불태우지만, 15년 가까이하고 보니까 너무 익숙해져 버린 겁니다. 오늘도 하고, 내일도 똑같은 일을 합니다. 가게라는 공간이 어느 순간부터 감옥처럼 느껴졌습니다. 그렇다고 당장 일을 그만둘 수도 없습니다. 지금까지 노력한 게 아깝고, 투자한 돈도 아쉽고, 무엇보다 몸으로 익힌 기술을 버린다는 게 쉽지 않았습니다.

뭔가 변화를 주고 싶더군요. 주변에 독서 모임 하는 지인이 있었습니다. 그 모임에 참여하게 됐습니다. 책에 대해 진지한 이야기를 나눕니다. 책을 많이 안 읽어서 그랬는지, 대화에 끼어들기가 어렵더라고요. 그래도 꾸준하게 참여했습니다. 덕분에 조금씩이라도 책을 보게 되었습니다.

모임에서 저자 특강을 한다고 하더군요. 《강안독서》를 쓴 작가의 글쓰기 특강입니다. 다른 분들도 다 참석한다기에 덩달아 참여하게 됐습니다. 얼마 후, 커피숍 3층에서 특강이 열렸습니다. 작가는 누구나 될 수 있다는 말이 기억에 남습니다. 글을 쓰는 건 특별한 사람만 하는 게 아니라는 말도요.

그게 벌써 햇수로 4년 전의 일입니다. 처음에는 후회도 많이 했습니다. 내 의지라기보다는 남들이 하니까 따라 한다는 생각이 들었습니다. 등록을 취소하려고 했습니다. 때마침 수강생 중에 취소는 어떻게 하는지, 돈을 돌려받을 수 있는지 물어보더군요. 어림도 없는 소리 같더라고요. 그래서 자연스럽게 글쓰기 수업을 듣게 되었습니다.

등록만 해 놓고 사는 게 바빠서 잠시 잊고 지냈습니다. 6개월 정도 지난 뒤에, 하지정맥 수술을 했습니다. 일주일 정도 쉬었습니다. 한가해지니까 생각이 났습니다. 코로나 때문에, 줌 수업으로 바뀌어 있었습니다. 오프라인보다 편했습니다. 컴퓨터만 켜면 되고, 일일이 찾아가지 않아도 되니까요. 그게 시작이었습니다.

글쓰기 수업, 생각보다 재미있었습니다. 글쓰기 선생님의 위트와 교훈이 와닿았습니다. 글쓰기 방법을 알려 주는 것도 있었지만, 살아가면서 필요한 마음이나 태도를 알려 줍니다. 사실 글쓰기보다 마음을 단단하게 하는 시간이 좋았습니다. 늘 부정적으로 생각하는 습관이 있었습니다. 글쓰기 수업 덕분에 조금씩, 천천히 좋게 바라보는 마음을 가지기 시작했습니다. 저는 그걸 '좋은 세뇌'라고 부릅니다. 글쓰기 수업을 꾸준히 듣다 보니, 제 이야기를 쓰고 싶어졌습니다. 한 줄씩 써 내려 갔습니다. 문법이 틀리든, 맞춤법이 이상하든 생각하지 않고 그냥 썼습니다.

제삼자가 되더군요. 어릴 때 남녀 차별을 당하는 내가 보입니다. 늘 바쁘기만 한 부모님도, 대학교에서 첫사랑을 만난 순간도, 미용을 막 시작하는 시절도 떠오릅니다. 글쓰기는 바라보는 일이라는 생각이 들었습니다. 그 순간에 매몰되지 않고, 가만히 나를 보는 겁니다. 아파하는 나도 보이고, 열등감에 젖어 있는 모습도 만납니다. 엄마를 찾아 산 너머까지 찾아갔던 초등학생 나도 만났고요, 시시때때로 찾아오는 부정적인 나도 보입니다.

잊고 살았던 기억을 가져옵니다. '열등감'이라는 단어가 제일 많습니다. 매일 오빠와 비교하던 할머니 모습도 쓰고, 바빠서 대화할 시간도 없었던 부모님의 하루도 써 봅니다. 오빠가 긁어서 생긴 흉터 때문에 움츠려 있던 내 모습도 종이 위에 옮겨 봅니다. 그 안에 있을 때는 아프기만 했습니다. 글 쓰다 보니 조금은 객관적으로 바라보게 됩니다. 그런 일이 있었구나. 아팠을 때도 있고, 힘들 때도 있었지만 나는 지금까지 꿋꿋하게 살아왔구나.
덤덤하게 쓰다 보니 어느새 초고가 완성되었습니다. 출간 계약이라는 것도 해 보고, 처음으로 나의 책이 세상에 나왔습니다. 그렇게 '작가'가 되었습니다. 작가 열 명이 모여서 공저도 썼고, 전자책 수업을 듣고 전자책도 출간했습니다. 최근에는 네 번째 책까지 출간하게 되었습니다.

네, 저는 작가가 되었습니다. 매일 읽고, 매일 씁니다. 가끔은 어쩌다가 쓰는 삶을 살게 되었을까 의아할 때도 있습니다. 저는 글을 한 번도 써 본 적이 없는 사람이거든요. 글쓰기 수업을 듣고, 나도 한번 해 보자는 마음으로 시작한 일입니다. 처음엔 모든 것이 어색했습니다. 문장을 고치는 일도, 내 생각을 글로 옮기는 일도 말이지요. 지금은 전보다 자연스러워지고 있습니다. 포기하지 않고 꾸준히 하고 있습니다. 말로는 힘들다 하지만, 글 쓰는 일이 못 견디게 힘들지는 않은 모양입니다.

　　주변에서도 저를 '작가님'이라고 부릅니다. 처음에는 적응이 안 됐는데, 이제는 그 호칭이 자연스럽게 들립니다. 저를 소개할 때도 강사이자 작가라고 당당하게 말합니다. 얼마 전에는 네이버에 인물 등록도 했습니다. 직업란에도 작가로 쓰여 있습니다. 스스로 작가라는 사실을 받아들이는 중입니다.

　　최근에는 '글쓰기 코치' 과정도 수료했습니다. 작가에서 가르치는 삶을 하나 더 추가했습니다. 글쓰기 강의도 진행했습니다. 나의 이야기에 메모하고 귀를 쫑긋 세우고 듣는 예비 작가들의 모습을 보면서, 가슴속에서 뭔가 뜨거운 것이 올라옵니다. 이런 거구나. 누군가를 가르치는 것이 이렇게 가슴 설레는 일인지 몰랐습니다. 심장이 뛰는 게 얼마 만인지요. 그들이 불러 주는 코치님이라는 호칭도 좋고, 내가 정한 일정대로 잘 따라 주는 점도 고마웠습니다. 게다가 그들에게 작가라는 타이틀을 줄 수 있다는 점이 가장 뿌듯하게 느껴졌습니다. 누군가에게 도움이 된다는 마음만큼, 사람을 기쁘게 하는 게 또 있을까요. 저도 예전에는 저밖에 몰랐습니다. 하지만 가치 있는 삶은 혼자 살아가는 게 아니라, 더불어 살아가는 일임을 깨닫고 있습니다. 나도 좋고 나로 인해 누군가의 인생이 나아진다면, 그보다 뿌듯한 일이 또 있을까 싶습니다.

글쓰기를 만난 덕분입니다. 그리고 멋진 글쓰기 스승님을 만난 덕분입니다. 스승님이 아니었다면, 쓰는 삶의 가치를 전해 주지 않았다면 지금도 모르고 살았을 겁니다. 읽은 책의 목록이 늘어 가고, 매일 쓰는 글의 양이 많아지고 있습니다. 반복하다 보면, 문장이 좀 더 견고해지지 않을까 하고 믿고 있습니다.

위로를 전하는 방법은 많습니다. 저는 '글'을 선택했습니다. 언젠가는 나의 글로 인해 힘이 났거나, 다시 살아갈 용기를 얻었다는 이야기를 듣게 되는 날이 오길 바라고 있습니다. 그날을 위해, 오늘도 읽고 씁니다. 나의 글이 누군가의 마음에 가 닿기를 바라면서요.

1-8.

용기 내어 시작하는 글쓰기

송진설

글을 쓰기 위해 노트북을 펼쳤다. 쓰기도 전에 주눅부터 든다. 내가 뭐라고 책을 내려고 하는 것인지. 작가라고 말할 수 있는 조건을 따져 본다. 난 작가라고 불릴 수 있는 사람인가. 빈 화면을 바라본다. 내 책을 읽을 사람들의 반응을 떠올린다. 이걸 책이라고 냈냐며. 읽을 가치가 없다고 한다면 어떻게 해야 할까. 일어나지 않은 일을 상상하며 스스로를 위협했다.

작가가 되겠다는 일념으로 글쓰기와 책 쓰기를 배운 것은 아니다. 마음을 잘 표현하고 싶었다. 전하고 싶은 의도를 잘 전할 수 있기를 바랐다. 한 문장이라도 제대로 쓰고 제대로 말하고 싶었다. 의도가 온전히 전해지려면 글공부가 필요하다 느낀다. 그래야만 사람들과의 관계도 원만해지리라 믿는다. 소통의 도구로 글쓰기를 이해한 것이다. 우물 안 개구리처럼 딱 내가 처한 상황에서만 쓰기에 대해 생각했다. 글쓰기를 배우며 비로소 글을 쓴다는 것의 의미를 다르게 받아들이게 되었다.

지금도 글쓰기를 배우며 쓴다. 현재 세 권의 공동 저서 작가가 되었다.

첫 번째 책은 자이언트 북 컨설팅 소속 아홉 명의 작가와 함께 집필한 《오늘도 마침표 하나》이다. 작은 일상의 소중함을 담아낸 책이다. 힘들었던 과거에 발목 잡혔다 생각했다. 책을 쓰며 나의 과거를 다르게 생각할 수 있었다. 되돌아본 과거는 지워 버리고만 싶은 지난날이 아니었다. 힘들었지만 그 시간이 감사하게 느껴졌고 작은 하루의 소중함이 예전과 다르게 다가왔다.

두 번째 책은 그림책 에세이 《작은 이야기로 삶의 지혜를 얻다》이다. 그림책을 좋아하는 마음 하나로 네 명의 작가가 뭉쳤다. 삶의 이야기가 담긴 그림책을 통해 마음을 들여다보고 위로하며 삶의 균형을 잡아 가며 살아가는 이야기를 썼다. 나를 위로해 준 그림책을 소개하며 독자들도 그림책과 함께하길 바랐다.

세 번째 책은 《콘텐츠 크리에이티브》이다. 평범한 열 명의 여성이 자본금 하나 없이 콘텐츠를 만들고, 수익을 창출하는 과정을 담은 책이다. 누구나 하고 있는 일이 콘텐츠가 된다는 걸 말하고자 했다.

책 속에 내 이야기를 담았다. 경험했던 일들을 통해 느꼈던 점을 전했다. 세 권의 책 모두 주제가 다르다. 내가 쓰고 있는 개인 저서와도 느낌이 다른 책이다. 공저를 여러 번 참여하며 책을 쓰는 행위가 두렵게만 느껴지지 않았다. 독자에게 전하고자 하는 메시지가 있다면 책을 쓸 수 있다는 걸 알았기 때문이다.

　책이 세상에 나왔을 때 두려워하던 일은 일어나지 않았다. 글을 못 썼다며 나를 비난하는 이는 없었다. 오히려 도움이 되었다는 말을 전해 주었다. 일상을 되돌아보는 계기가 되었다는 말도 들었다. 부정적인 말은 듣지 못했다. 책을 쓰며 독자의 반응이 어떨지를 고민했던 나인데, 책을 출간 후 걱정했던 마음과는 다른 독자의 반응에 느낀 점이 많았다. 지레 겁먹고 도전하지 않았다면 작가가 되지 못했을 것이다. 책을 쓰며 예전과 달라진 점을 세 가지로 정리해 본다면 이렇다.

　첫째, 누군가를 돕고 싶다는 마음이 커졌다. 작가는 좋은 일을 하는 사람이라고 한다. 글을 써서 독자의 마음에 작은 메시지라도 전할 수 있다는 생각을 하니 좋았다. 어떤 글을 쓸까. 어떤 메시지를 전할까. 고민하게 된다.

　둘째, 강의, 강연을 할 수 있는 기회가 생겼다. 강연가라는 꿈이 있다. 지금 하고 있는 일을 열심히 한다면 언젠가는 이룰 수 있는 꿈이라 생각했다. 막연하게 생각만 하고 있었다. 책이 출간된 후로 저자 강의와 인터뷰도 했다. 강연 요청도 들어왔다. '언젠가'라고 생각한 일이 책을 쓰며 '지금'이 되었다.

　셋째, 글을 쓸 수 있는 힘을 얻는다. 글쓰기는 어렵다. 오랜 시간 글을 써 온 작가들도 어렵다고 말한다. 초보 작가인 나에겐 당연한 일이다. 일기와 에세이는 다르다. 나의 감정만을 쏟으며 썼던 일기는 때로는 메아리 같았다. 혼자 화를 내고, 혼자 물어보고, 혼자 답했다. 일기를 쓰는 것이 글쓰기에 도움이 되지 않는다는 의미가 아니다. 혼자만의 시간을 가지며 써 내려 갔던 일기 덕분에 생각을 정리하게 되었다. 일기가 혼자만의 시간을 갖는 것이라면 책 쓰기는 독자와 소통하는 시간을 가질 수 있다.

아직도 책 쓰기가 선뜻 내키지 않는 사람이 많을 것이다. 나 또한 그랬으니까. 세상에 내 이야기를 전하고자 한다면 조금 용기를 내면 좋겠다. 용기 있는 자만이 미인을 얻는다는 말처럼 용기 있는 자만이 작가가 될 수 있다. 내 이야기가 세상에 내놓을 만한 이야기인가 하고 망설인다면 자신감을 갖길 바란다. 부끄럼 많고 겁쟁이였던 나도 책을 쓴 작가가 되었다. 평범한 이야기에 공감하는 이들이 있다. 위대한 사람들의 존경 어린 이야기를 들을 때면 '대단해'라고 말한다. 하지만 다른 세상 이야기로 여겨지기도 한다. 나와 비슷한 일상을 보내며 겪은 이야기를 마주할 때면 '나도 그런 적 있어'라고 느끼게 된다. 마음을 열고 들어 준다. 손을 잡고 한 걸음씩 나아가며 함께 이야기하듯 글을 읽게 된다.

나의 이야기를 밖으로 드러내길 두려워하는 이들에게 전하고 싶다. 지나치게 두려워하지 않아도 된다고 말이다. 우리는 실제로 일어나지 않을 일들에 미리 겁먹고 괴로워한다. 책을 출간하지 않았을 때 나는 두려움에 벌벌 떨었다. 지금은 작가가 되었고, 독자가 생겼다.

쌀로 밥을 하듯 용기로 책을 쓰길 바란다. 따뜻한 밥 한 공기가 주는 든든함처럼 내 글을 읽는 독자에게 작은 위로와 격려를

쓰면 달라진다

줄 수 있다.

책 쓰기를 하며 인생을 바라보는 시선 또한 달라졌다. 한때 도전하는 일마다 실패를 거듭하며 더 이상 새로운 시도를 하고 싶지 않았다. 좋은 결과를 바라보며 행했던 일이었기에 실망이 컸다. 스스로 실패한 사람이라 여겼고, 상처와 후회만이 남았다고 생각했다.

《샬롯의 거미줄》을 쓴 미국의 동화 작가가 말했다. 위대한 글쓰기는 존재하지 않는다고. 오직 위대한 고쳐 쓰기만 존재할 뿐이라 했다.

인생도 마찬가지다. 위대한 인생은 없다. 오직 도전하고 실패하고 다시 도전하는 것만이 존재한다는 것이다. 글은 고치면 고칠수록 매끄러워지고 나은 문장이 된다. 인생도 수없이 퇴고하며 나아질 뿐이다. 완벽한 인생은 없다는 것을 글을 쓰며 알게 되었다.

글을 쓰기를 바란다. 더 나아가 책을 쓰기를 바란다. 좋은 첫 문장을 쓰지 못해도 괜찮다. 독자가 밑줄 그으며 필사할 만큼 좋은 문장을 쓰지 못해도 괜찮다. 작은 경험을 통해 느꼈던 점들을 듣고 싶어 하는 독자가 있다. 그 독자를 위해 써 주길 바란다. 못할 것 같은 일도 시작해 놓으면 이루어진다고 채근담에서 말했다. 일단 용기부터 가지고 시작하길 바란다. 천천히 독자를 위해 마음과 시간을 내어 주며 한 문장씩 이어 간다면 저자가 되어 있을 것이다.

1-9.

세상이 내게 말을 건넸다

안지영

봄맞이 대청소 중에 어릴 적 앨범과 일기장을 발견했다. 앨범 속 내 모습과 거울에 비친 모습을 번갈아 본다. 살아 낸 시간도 보인다. 동그란 얼굴은 그대로인데 예전보다 늘어난 주름과 흰 머리카락이 나이 듦을 깨닫게 한다. 평안함이 느껴져서 다행이다. 잘살아 내기 위해 애썼기 때문이다.

어릴 적 말없이 조용했던 나의 소통 도구는 글이었다. 인사하는 것도 부끄러워 속으로만 웅얼거렸다. 일기장에는 입 밖으로 내지 못한 마음이 가득 차 있었다. 그러다 보니 글 쓰는 재미가 들었다. 말은 내뱉으면 공기 중에 흩어져 버린다. 글로 쓰면 몇 년이고 흔적이 남아서 안심된다. 다른 표현으로 쓰다 보면 납작한 글자들이 입체적으로 느껴진다. 그 즐거움이 놀이처럼 다가왔다. 그 덕분에 글쓰기에 대한 겁이 없었고 글짓기 상장들이 두툼했

쓰면 달라진다

다. 글을 쓰지 못했다면 수줍은 성격은 더 붉어졌을 것이다.

청소년기 땐 비밀 일기장에 소곤거렸다. 짝사랑하는 선생님, 좋아하는 남학생에 대한 두근대는 마음이 가득했다. 추억이 얼굴을 간질거린다.

글쓰기는 오래 사귄 친구처럼 편안했다. 대학 다닐 때 편지를 많이 쓸 일이 있었다. 희한한 일이 일어났다. 친구의 부탁으로 썼을 뿐인데 받는 사람들이 답장을 보내왔다. 만나서 고민을 상담하고 싶다는 사람도 있었고 해외에서 한국 오는 일정 중에 만나러 오기도 했다. 편지를 특별히 잘 썼던 건 아니었다. '진심'을 넣었을 뿐이다.

첫 직업은 장신구 디자이너였다. 이름만 화려할 뿐 어두운 지하 공방에서 대중적인 디자인을 뽑아내는 작은 기계였다. 창작이 허용되지 않는, 허울만 좋은 노동자에 불과했다. 바쁠 땐 일요일에도 출근했다. 내 작업대와 한 몸이 되는 줄 알았다. 지상의 햇빛이 그리웠다. 달력에 표시된 빨간 날이 의미 없었다. 왕복 3시간 넘는 출퇴근길에 책 읽는 시간이 유일한 휴식이었다. 눈부신 이십 대에 칙칙한 시간만 되풀이되고 있었다.

월급봉투에 담긴 지폐를 한 장씩 세고도 오래 만지작거렸다. 사고 싶은 것도 아까워 못 사고 통장에 한 줄로 기재되는 숫자로 마음을 눌렀다. 지하에서 시작했지만 성실함으로 한 층씩 올라갔다.

직장의 사정으로 여러 곳으로 옮기다 보니 이력서 칸이 길어졌다.

생산, 마케팅, 보석 디자인, 도매 매장 관리까지 배우는 시간은 마치 어미 독수리가 벼랑 아래로 새끼 독수리를 떨어뜨리는 것처럼 아찔했다. 아무도 도와주지 않았다. 세상은 내 편이 아니었다. 날 미워하는 거인이었다. 나의 이십 대는 인생의 격동기였다.

그때 힘이 되어 준 건 짧은 일기 쓰기와 틈틈이 읽는 책 구절이었다. 잠시나마 삭막한 세상을 잊고 나를 안아 줄 수 있는 시간이었다. 속상했던 일, 실수한 일, 섭섭해서 눈물 났던 일 등 쓰다 보면 힘이 났다. 끄적이다 보면 세상에서 버티고 있는 나의 존재감이 느껴졌다. 외딴섬에서 S.O.S를 치듯이 짧은 글을 쓰며 힘을 냈다.

24시간 모자라게 살다 보니 전시회를 열고, 강의하는 내가 있었다. 작품을 제작하는 금속 공예 작가가 되었다. 가슴이 뜨거워졌다. 하고 싶은 일 하며 사니 꿈인가 싶었다. 하고 싶은 만큼 작업했었는데 결혼 후 밤샘 작업이 어려워졌다. 작업이 멈추고 내 시곗바늘도 멈췄다. 육아하면서 아이에게만 집중했다. 일에 대한 미련이 남았다. 다시 시동을 걸고 또 걸었다. 드디어 시곗바늘이 움직이기 시작했다.

단절된 경력을 일구던 어느 날, 갑작스러운 교통사고가 났다. 모든 순간이 얼어붙었다. 조각나며 무너져 내렸다. 어렵게 붙인 경력이 댕강 부러졌다. 사고 후유증으로 더 이상 일을 할 수 없는 현실이 장애물처럼 내 앞을 가로막았다. 늘 가던 길이 생각나지 않았다. 길을 잃었다. 땅만 보며 걷다가 고개를 들어 하늘을 봤다.

다시 길을 찾아야 했다.

　목, 허리 디스크 환자인데 가능한 일이 있을지 막막했다. 육아도 힘든 상태였지만 일을 안 하면 통증이 심해졌다.

　'내가 좋아하던 일이 뭐였지?'

　학창 시절, 성적순인 교실은 숨 막혔다. 수업마다 발표에 대한 두려움은 시한폭탄이었다. 숨 쉴 수 있는 곳은 교내 도서관뿐이었다. 오래된 종이 냄새, 천장까지 닿을 듯한 책장에 수많은 세상이 칸칸이 들어가 있었다. 책 읽고 글 한 줄 쓰는 시간이 그저 좋았던 시절이 떠올랐다.

　제2의 직업을 선택하기 위해 수십 가지 자격증 목록을 훑었다. '독서 논술 교사 양성 과정'에서 멈췄다. 말 못하는 내가 많은 학생 앞에서 수업할 수 있을까.

　걱정이 눈덩이처럼 커졌다. 수업할 대본을 썼다. 쓰고 말하기를 목이 잠기도록 연습했다.

　학원 수업에서도, 학교 면접에서도 말할 수 있게 되었다. 기적 같은 일이었다.

　독서 논술 교사의 삶도 땀나게 살았다. 책 읽고 글 쓰는 수업은 또 다른 천직이었다.

　근데 허기가 졌다. 어떤 걸로 채울까 고민했다. 자기계발을 시작했다. 새벽 기상과 블로그에 눈을 떴다. 비몽사몽 일어나긴 했는데 글을 쓰면서 정신이 났다. 누군가가 내 글을 읽는다니 어떻게 써야 할지 캄캄했다. 답답한 마음에 글쓰기 공부를 시작했다. 남을 돕는 글을 써야 한다고 배웠다. 나도 주저앉고 싶을 때 주변의 위로가 힘이 되지만 공감되는 글의 토닥임이 더 든든했던 게 생각났다.

'나의 어떤 점이 도움이 될까?'

외면하고 싶었던 과거들을 하나씩 꺼내 봤다. 다시 보면 속이 새까맣게 타 버려서 접어 놓았던 아픔이었다. 누군가에게 도움이 된다면 눈 딱 감고 꺼낼 수 있었다. 신기한 일이 일어났다. 누군가를 위해 글을 썼는데 타 버렸던 속이 되살아나고 있었다.

소심한 성격이라 큰일이 생기면 심장이 빨리 뛰고 잠을 못 잔다. 최고의 겁보였다. 이런 내가 변하고 있었다. 화가 치밀어 명치가 굳어야 하는데 아무렇지 않았다. 불면증도 없어지고 마음의 여유가 생겼다. 나이 들어 강심장이 된 걸까? 둔해진 걸까? 아니, 아니다! 글을 쓰면서 달라졌다.

내보이기 싫었던 과거의 모습을 당당하게 꺼내는 나는 '키'가 자라 있었다. 글쓰기를 하면 몰랐던 세상을 알게 된다. 마음을 연 만큼 세상도 보인다. 눈에 보이는 게 다가 아니었다.

사회 초년생인 이십 대, 직장을 옮기느라 정신없었다.

경력 단절녀의 삼십 대, 육아로 단절된 경력을 다시 세우느라 정신없었다.

독서 논술 교사의 사십 대, 큰아이의 사춘기로 가슴속에 불덩이가 떨어졌다.

글 쓰는 작가의 오십 대, 남을 돕는 글을 쓴다.

인생의 격동기는 끝이 없다. 이십 대는 약과였다. 나이가 들어도 두렵긴 마찬가지다.

이젠 세상과 악수할 시간이다. 책상 앞에 앉는다. 노트북을 켜고 마우스를 움직인다. 심호흡한다.

글을 시작할 곳에서 자판을 두들긴다. 첫 글자가 나오면 감자가 줄줄이 딸려 나오듯 글이 나타날 것이다. 세상은 이미 우리와 소통을 시작했다.

1-10.

단 두 줄의 글이 변화의 시작이었다

원효정

작가가 되고 싶었습니다. 글쓰기를 제대로 배워 본 적은 없습니다. 어떻게 해야 작가가 될 수 있는지 몰랐습니다. 그저 백일장 대회에서 상을 몇 번 타 본 경험이 전부였습니다. '내 이름으로 된 책'을 내고 싶다는 꿈 또한 먼 미래의 일이었습니다. 감히 내가 어떻게, 무슨 수로 책을 내겠느냐며 고개를 저었습니다.

우연히 참여하게 된 프로젝트 모임에서 리더는 블로그에 글을 써야 한다고 했습니다. 어떻게 쓰는지 알려 주지는 않았지만 무조건 쓰라고 했습니다. 이후 참여한 자기계발 강의에서 강사는 생산자의 삶을 이야기하면서 블로그에 글 쓰라며 목에 힘을 주어 말했습니다. 무식하면 용감하다고 했던가요? 무작정 블로그 글쓰기 버튼을 클릭했습니다. 뭘 써야 할지 몰랐습니다. 불현듯 아침에 읽은 책이 떠올랐습니다. 도서관에서 빌려 읽은 《미라클 모닝》의 표지 사진을 찍어 블로그에 넣었습니다. 이윽고 사진 아래에 쓴 두 줄의 문장.

오늘부터 미라클 모닝 시작!
잘할 수 있겠죠? 잘할 수 있으리라 믿습니다.

매일 블로그에 글을 썼습니다. 짧게는 두 줄, 길게는 한편의 글이 되기도 했습니다. 하루에 두세 편 올린 적도 많았습니다. 콜라 맛에 눈을 떠 신문물을 받아들인 부시맨이 따로 없었습니다. 내 글을 읽은 사람들이 한 줄, 두 줄 댓글을 남겨 주면 다음 날 또 쓰고 싶어졌습니다. 덩달아 기분도 좋아졌습니다. 혹시라도 흉보면 어쩌나 하는 두려움조차 없었습니다. 하고 싶은 이야기를 가까운 지인에게만 하던 나였습니다. 얼굴도 모르는 사람들과 글을 통해 소통하는 공간이 있다는 것이 놀랍기만 했습니다.

매일 글을 쓰니 접어 두었던 욕망이 꿈틀댔습니다. 작가라는 타이틀이 탐났습니다. '브런치'라는 플랫폼에 승인을 받으면 작가라고 불린다는 것을 알게 되었습니다. 브런치 작가는 누구나, 되고 싶다고 되는 곳은 아니었습니다. 심사에 통과해야 글을 올릴 수 있었습니다. 하고 싶어졌습니다. 이내 블로그에 올린 몇 편의 글을 편집해 브런치 작가 응모 페이지에 접수했습니다. 접수할 때마다 '아쉽게도 이번에는 작가님을 모시지 못하게 되었습니다.'라는 제목의 회신을 받았습니다. 나름 글 꽤나 잘 쓰는 사람이라고 칭찬을 받곤 했는데 자존심이 상했습니다. 오기가 생겼습니다. 떨어질 때마다 다시 접수했습니다. 6번 떨어졌습니다. 이쯤되면 포기하고도 남을 법하건만 글에 관해서는 그러고 싶지 않았습니다. 결국 응모한 지 일곱 번 만에 합격했습니다. 브런치 작가라고 소개 글 한 줄 덧붙일 수 있게 된 것이 못내 자랑스럽기까지 했습니다.

블로그와 브런치에 이어 인스타라는 플랫폼까지 손을 뻗었습니다. 인스타는 사진을 기반으로 한 SNS라는 생각에 원래 별 관심이 없었습니다. 사진을 잘 찍지 못한다고 생각했으니까요. 더군다나 일상이 단조로워 남들에게 내세울 만한 것도 없었습니다. 인스타 안에서 친구를 맺어 그들의 게시물을 보기만 하던 중 점점 사람들이 올리는 사진 아래의 글 길이가 길어지는 듯했습니다. 짧은 글 일색이던 인스타에 새로운 바람이 불어온 건 아닌가 싶었습니다.

인스타의 블로그화. 궁금한 마음에 인스타에 대해 대략적인 사용 방법을 배워 무작정 사진 한 장 올려 보기 시작했습니다. 친구를 늘리려는 의도적인 행동 없이도 사람들이 내 글을 보러 와 주었습니다. 내 글을 본 사람들이 나를 친구로 추가해 주면서 인스타 친구도 많아졌습니다. 블로그만큼은 아니더라도 이따금씩 인스타에 내가 찍은 사진과 함께 글을 남겼습니다. 블로그와는 또 다른 느낌의 글 공간이 바로 인스타였습니다.

글을 잘 쓰고 싶다는 마음은 욕심을 넘어 욕망이 되었습니다. 내 이름으로 된 책이 이토록 간절했던 적도 없었습니다. 사람들을 만날 때마다 책을 쓰겠다며 말하곤 했습니다. 그 이야기를 전해 들은 한 후배가 특강 하나를 소개해 줬습니다. 기대감에 부풀어 접수를 하고 특강을 들으러 가는 길. 간혹 가다 책을 내준다며 거액의 돈을 요구하는 사람이 있다는 소문, 베스트셀러 작가로 만들어 준다며 계속해서 수강료를 요구한다는 강사에 대한 설이 들려왔습니다. 만약 이 특강에서도 강사가 조금이라도 그런 내색을 보이기라도 하면 자리를 박차고 나오겠다는 마음으로 특강 장소로 향했습니다.

설레는 마음으로 들어선 강의장. 각지고 새까만 얼굴에 안경을 쓴 중년의 아저씨가 강단에 서 있었습니다. 경상도 사투리의 말투에 큰 목소리는 지하에 있는 강의장을 뒤흔들어 놓기에 충분했습니다. 책상에 앉아 외투도 벗지 못한 채 가방을 끌어안고 있었습니다. 돈 얘기 나오면 바로 나오겠다는 마음뿐이었습니다. 그런 나에게 뒤통수를 한 대 후려치기라도 하듯 들린 강사의 한마디.

"내 삶을 글에 담아 세상을 이롭게 하는 책을 내세요. 읽고 쓸 수 있는데 뭐가 걱정입니까!"

그날로 나는 자이언트 북 컨설팅 대표 이은대 작가의 제자가 되었습니다. 그로부터 1년 5개월 만에 꿈조차 흐릿하게 자리하던, 내 이름으로 된 책을 손에 쥐었습니다. 작가가 된 것입니다. 작가가 되었다고 삶이 갑자기 바뀌지는 않았습니다. 여전히 나는 '자이언트 북 컨설팅' 안에서 글공부를 하며 글을 쓰고 있습니다. 자이언트에서 이은대 작가의 전자책 강의를 듣고 바로 목차를 잡고 전자책도 쓰게 되었습니다. 두 권의 전자책을 잇달아 출간하였고, 출간 두 달 만에 300만 원의 수익을 거뒀습니다.

브런치, 인스타, 전자책, 그리고 내 이름으로 된 책. 막연하게나마 꿈꾸기만 하던 작가로 살게 되었습니다. 블로그라고 하는 생소한 온라인 공간에 쓰기 시작한 단 두 줄이 내 삶에 불러온 파장이었습니다. 새 학기가 되면 으레 적어 넣던 장래 희망, 작가. 배고픈 직업이니 다른 걸 쓰라는 엄마의 말에 조용히 다른 꿈을 적던 내가 이제는 당당히 작가라고 나를 소개합니다. 블로그에 글을 쓰기 시작한 지 4년. 작가의 삶을 넘어 이제는 엄마 작가 메이커로서 다른 사람을 작가로 만들어 주는 책 쓰기 강사가 되었습니다. 내 이름을 걸고 책 쓰기 강의를 하는 강사가 된 것입니다. 블로그에 두 줄을 쓰기 시작하면서 내 인생은 바뀌었습니다. 2019년 1월 18일, 두 줄을 쓰지 않았다면 나는 여전히 아들 셋 키우면서 하루 11시간 장사하는 중국집 사장으로 살았을 것입니다. 블로그에 쓴 두 줄의 글이 내 인생을 완전히 바꿔 버린 변화의 시작이었습니다.

쓰면 달라진다

1-11.

해내는 나, 자신감이 생겼다

이현주

책도 안 읽는데 글은 무슨! 초중고에 대학까지. 책이란 교과서, 참고서, 전공 책이 다였다. 그마저도 책상 옆 꿔다 놓은 보릿자루였다. 앞의 몇 장에만 겨우 손때가 묻어 있는. 1998년 결혼을 하고 임신했다. 태교로 독서를 하고 싶었지만 어떤 책을 읽어야 할지 몰랐다. 그나마 익숙한 십자수와 퀼트로 아기 이불과 베개를 만들었다. 하루에 몇 번이나 바느질했다. 잠시 숨을 돌릴 때, 산부인과에서 준 노트가 보였다. 태교 일기를 써야겠다고 생각했다. 임신을 확인한 날, 처음 태동을 느낀 날, 초음파로 아기 얼굴을 본 날 등 일상을 적었다. '사랑한다, 건강하게 만나자'라는 말을 수없이 반복했다. 태교 일기는 둘째를 임신했을 때도 썼다. 매번 비슷한 내용이었지만 한 권을 다 채웠다. 뿌듯했다. 두 아이가 자라면서 내 시간이 생겼다. 돈도 벌고 싶었고, 일도 하고 싶었다. 나에게 잘 맞겠다고 생각되는 직업을 찾았다. 공부하고 자격증을 취득했다. 2015년 10월 첫 출근. 설렜다.

　　나이는 있고 경력은 없으니 남들보다 부지런해야 했다. 가장 먼저 출근해 사무실 문을 열었다. 학교에서 못 했던 일등 출근을 하면서 했다. 가끔은 대표가 나보다 일찍 출근했다. 어김없이 책상에 앉아 책을 읽고 있는 대표. 그 모습이 낯설고 신기했다. 무슨 책인데 저렇게 재미있게 읽는 거지. 궁금했다.

　　며칠 후 월례 회의. 대표는 서울에 있는 양재나비 독서 포럼에 다녀왔다고 했다. 관심이 있는 사람은 이번 주 토요일에 같이 가 보자고 했다. 호기심이 생겼다. 다섯 명이 함께 가기로 했다. 천안에서 서울까지. 주말이라 두 시간 전에는 출발해야 했다. 새벽같이 집을 나섰다. 어두컴컴한 고속 도로를 달려 문정동에 있는 양재나비에 도착했다. 6시가 조금 넘은 이른 시간임에도 강의실에는 사람들이 바글바글했다. 백 명은 넘어 보였다. '와! 사람들 왜 이렇게 많아.' 독서 모임에 참여하려고 부산에서 온 사람도 있었다. 열정에 감탄했다. 모든 게 신세계였다. 무어라 표현하기 힘들었다. 대여섯 명이 그룹으로 모였다. 한 명씩 돌아가며 이야기했다. 그 자리에 있는 것만으로 나는 '책 읽는 사람'이 되었다.

　　양재나비에 다녀온 후 독서 모임을 만들어 보자고 했다. 책을 읽을 수 있는 기회라고 생각했다. 하지만 일주일에 한 권? 무리였다. 이른 시간도 부담이 됐다. 한 달에 두 번, 격주로 진행하는 건 어떤지 물었다. 그러자 대표는 읽으면 읽을 수 있다고 하며

시작해 보자고 했다. '에라, 나도 모르겠다. 어떻게 되겠지.'

　　2016년 7월 14일 수요일, 6시 40분에 시작해 8시까지. 강규형의 《인생의 차이를 만드는 독서법, 본깨적》을 시작으로 책 읽기에 불이 붙었다. 무조건 다 읽고 독서 모임에 참여하겠다고 결심했다. 틈나는 대로 읽었다. 나는 책을 싫어한다고 생각했다. 아니었다. 그저 어떤 책을 어떻게 읽어야 할지 몰랐던 거였다. 대표의 말처럼 읽으니 읽을 수 있게 되었다. '재미있네. 일주일에 한 권, 읽을 만하네.'

　　일주일에 한 번 독서 모임은 당연한 일정이 됐다. 책 읽기는 책 쇼핑으로 이어졌다. 집안 곳곳에 탑을 쌓았다. 다 읽지도 못하는 책, 쌓기만 한다고 남편이 한 소리 했다.

　　"책은 사 놓은 걸 읽는 거래."라고 말하며 뿌듯했다. '독서법'이나 '메모하는 법'에 대한 책도 읽었다. 읽을 땐 격하게 고개를 끄덕였다. '그렇지. 써야지.' 했지만 한 줄도 쓰지 않았다. 책을 읽어도 정리를 안 하니 내 것이 아니었다. 나중엔 책 제목도 가물가물했다. 그나마 한 권도 읽지 않았던 내가 책을 읽는다는 것에 으쓱했다. 주변에 읽고 기록하는 사람들을 보면 대단하다고 엄지를 치켜들었다. '나도 해야 하는데…' 생각했지만 미루고 미뤘다. 그래도 독서 모임은 꼬박꼬박 참여했고, 책도 꾸준히 읽었다. 2년쯤 지났을 때 문득 작가가 되고 싶다고 생각했다. 봄바람에 흔들리는 민들레 홀씨처럼 작가의 꿈이 둥실 떠다녔다.

2018년 우연히 공저에 참여할 기회가 있었다. 오십여 명이 쓴 글을 모아 한 권의 책을 만든다고 했다. 책의 제목은 《죽기 전에 꼭 하고 싶은 것》. 나를 위해 하늘이 내려 준 동아줄 같았다. 참여하고 싶다는 메일을 보냈다. 난생처음, A4용지 1.5매 분량의 글을 썼다. 썼다, 지우고. 썼다, 지우고. '괜히 한다고 했나……' 한숨이 나왔지만, 지금이 아니면 기회가 없을 것 같았다. 글 쓰는 연습 좀 할 걸, 하고 후회했다. 그때 쓴 글의 제목이 《내 이름으로 된 책을 쓴다는 것》이었다. 메일 발송 전, 몇 번을 수정했다. 마음에 들지 않았다. 소리 내어 읽었다. 어깨는 움츠러들었고, 얼굴은 화끈거렸다. 누가 읽을까 겁났다. 글을 썼다는 말을 아무에게도 못 했다. 쓰는 방법도 모르고 그냥 끄적거린 글이 책으로 나온다니……. 부끄러웠다. 그렇게 출판이 되었다. 이미 나온 글을 어쩌랴. 좋은 경험 했다, 생각하기로 했다. 누군가는 읽어 주기를 바랐고 또, 아무도 읽지 않기를 바랐다. 작가가 되고 싶다는 꿈, 글을 쓰고 싶다는 생각은 태풍에 침몰한 보물선이 됐다.

　　2022년, 글을 쓰고 싶다는 생각이 다시 고개를 들었다. 다른 사람들은 글을 어떻게 쓸까, 궁금했다. 여기저기 블로그를 기웃거렸다. 그림을 그리는 사람부터 서평을 쓰는 사람, 영화나 음식을 알리는 사람, 백이면 백 다양했다. 그러다 '책 쓰기 무료 특강'이라는 글에 몸을 기울였다. '온라인으로 책 쓰기 무료 강의를 하네.' 클릭했다. 무료라니까 한번 들어 보자고. 신청서를 썼다. 전에는 무심코 지나쳤을 글인데, 이번엔 뭔가 느낌이 달랐다. 이제야 내 글을 쓸 수 있게 될지도 모른다는 기대. 떨렸다.

저녁 9시, 온라인으로 들으니 부담이 없었다. 거기에 무료 강의라니. 정신을 집중했다. 강사는 두 시간 동안 쉼 없이 열정을 쏟아냈다. 작가의 꿈에 불꽃이 일었다. 강의가 끝나고 글을 써 보려고 했지만, 마음처럼 되지 않았다. 하루 이틀 지나니 불꽃도 사그라들었다. 11월, 특강을 한 번 더 들을 수 있었다. 정규과정에 신청하고 싶었다. 무슨 일을 해도 흐지부지 끝내는 나를 믿지 못했다. 그러나 마음은 이미 결정을 했다. 신청서를 작성하고 제출 버튼을 꾹 눌렀다. 반드시 하겠다. 주먹을 꼭 쥐었다.

읽는 삶에서 쓰는 삶으로 한 발 내디뎠다. 한 줄도 쓰지 못했던 초보, 강의를 들으며 작가의 꿈을 키웠다. 쉽지 않았다. 마음이 급했다. 때마침 공저를 모집한다는 공고가 떴다. 함께 쓰면 부담이 덜 될 것 같았다. 무작정 신청했다. 간절히 바랐다. 2023년 1월 운명처럼 공저에 참여하게 되었다. 같은 주제로 열 명의 작가가 글을 썼다. 다른 작가들에게 피해는 주지 말자고 생각했다. 그런데 쓸수록 자신이 없어졌다. 내가 쓴 글을 읽을 때면 더했다. 그때마다 못 쓰는 게 당연하다, 잘 쓰려고 연습하는 중이라는 글쓰기 사부님의 말을 생각했다. 초고부터 힘 빼지 말자. 퇴고가 남았으니 수정하고 고치는 작업은 그때 하자. 생각나는 대로 썼다. 한 줄이 두 줄 되고, 두 줄이 한 장, 한 편의 글이 됐다. 그제야 조금씩 할 수 있다는 자신감이 생겼다. 마무리 퇴고를 끝내고 5월, 출간 계약을 했다. '앗싸! 끝났다. 나도 한다면 하는 사람이야!' 스스로에 대한 평가가 달라졌다. 뿌듯했다.

　　자꾸 미루는 날 믿지 못해 안절부절못했다. 하지만 글을 쓰기 시작하면서 나는 '해내는 사람'이 되었다. 나를 이해하고 인정하게 된 것, 가장 큰 변화였다. 남들보다 시간이 조금 더 필요한 사람이었다. 새로운 나를 마주했다. 책을 읽으면서 작가가 되고 싶었고, 글을 쓰면서 꿈을 이뤘다. 자신감도 커졌다. 요즘은 사람들을 만나면 글을 써 보라고, 같이 쓰자는 말이 자연스럽게 나온다. 글쓰기 얘기를 하면 즐거워 보인다, 좋아 보인다는 말도 자주 듣는다. 글을 쓰면서 느낀 변화와 성장을 이제는 사람들과 함께 나누고 싶다.

　　　　　　　　　　　　　　　　　　　　　쓰면 달라진다

1-12.

주차하시겠어요?

정은주

대한민국의 주차 문제는 하루 이틀 거론된 것이 아니다. 1인 가구가 늘고 차량이 필수품이 된 지 오래, 그에 비해 주차 공간이 부족하다. 도로를 점유하는 불법 주정차는 소방차 진입의 걸림돌이 되고 있다. 이웃끼리 주차 문제로 다투다 시비 끝에 흉기로 찔렀다는 뉴스도 보도된다. 가게의 주차장이 넓고 편리한 곳을 사람들은 선호한다. 스타벅스가 엄마들의 모임 장소인 것도 그런 이유다. 아이들 학교에 보내고 한창 이야기에 집중하고 있을 때에 차 빼 달라는 전화를 받지 않아도 되기 때문이다.

처음 강사로 활동하던 시기에는 PPT나 빔 프로젝터 등 강의장 내부 시설이 중요했다. 준비한 자료를 강의장 여건 때문에 제대로 펼쳐 내지 못할까 걱정했다. 최근에는 강의 경력이 쌓여 여유가 생긴 것도 있지만 주차장 상황부터 물어본다. 신축 건물이라 해도 주차 공간이 부족한 곳이 있다. 주차할 곳을 찾느라 정작 강의 시간에 아슬아슬하게 도착하는 경우도 있고, 강의 도중 차를 빼 달라는 전화를 받기도 했다. 내 강의가 마음에 들었거나 아니면 자주 있었던 경우로 지금까지 강의 도중 차 빼러 나갔다는 컴플레인은 들어오지 않았다. 그래도 지금 생각해도 아찔하다. 그래서 제자리에 주차해 놓지 않으면 강의에 집중하지 못한다. 갑자기 차가 짐이 되어 버린다. 인생도 마찬가지다. 행복하기 위해 결혼하고 아이를 키우는데, 어느 순간 버겁게 느껴진다.

"아니, 어떻게 여기서?"
창문에 한 손을 걸쳤던 젊은 남자의 눈이 커졌다. 차 열쇠를 받아 든 남자는 별일 아니라며 웃는다. 아는 사람을 마주치는 일은 일주일에 한두 번 있었다. 둘째 아이가 배밀이를 할 무렵이었다. 주말 아침 오빠 세 명과 나, 그리고 남편은 아버지 주차장으로 출근했다. 근처에 있는 오래된 예식장은 주차장이 좁았다. 11시부터 3시까지 아버지 주차장으로 차들이 몰려왔다. 예식이 집중될 때는 나가는 차는 없고 들어오는 차만 있었다.

역할 분담이 확실했다. 오빠 두 명과 남편은 주차를 하고, 막내 오빠와 나는 요금을 계산했다. 주차장 안 컨테이너 사무실에서는 아버지가 아이들을 보셨다. 이렇게 온 가족이 나와서 주차장을 운영하니 주차장이 엄청 크거나 돈을 많이 버는 것 같지만 실상은 그렇지 않다. 아버지의 화물 주차장은 주말에 주차해 놓은 화물차들로 여유 공간이 많지 않았다. 주차하고 남은 땅이 반듯하지는 않아도 사각형이 나오면 그나마 다행이었다. 테트리스처럼 튀어나온 트럭들 사이로 손님들 차를 주차해야 할 때도 많았다. 그런 날에는 재빠르게 목을 빼고 주차 구역을 찾거나 차 옆으로 가서 얼마만큼의 공간이 남는지, 손으로 몸으로 주차를 도와줬다. 오빠들은 대기업에 다녔고 승진이 빨라 직급도 높았다. 남편도 원장이라는 직함을 달고 있었다. 나는 둘째 출산으로 젖을 먹이던 때라 가슴에 패드를 두 개 넣어야 했다. 갑자기 나오는 젖이 옷에 비치면 바람막이를 입고 숨기기도 했다. 마지막 예식 시간이 되어야 중국집에서 전화를 걸었다. 대기업 과장도, 원장이라는 타이틀도 자장면 앞에서는 무용지물이었다. 졸업식 날 먹는 것처럼 한 그릇을 뚝딱 비웠다.

어느 날 된장국을 끓이던 엄마는 '아, 머리가…' 하며 뒷말을 수습하지 못했다. 이어 쿵! 하는 묵직한 소리만 전화기에 들렸다. 퇴근하던 아버지가 도착했을 때 집안은 새하얀 연기로 자욱했다. 가스 불 위에서 닳고 닳은 된장국은 골든 타임을 훨씬 지났음을 보여 주었다. 너무 갑작스러웠다. 나는 10분 전에 엄마와 통화도 했었기에 엄마와 생이별이 믿기지가 않았다. 너무 놀라서 소리가 나지 않았다. 목과 팔에 힘이 빠지고 소리 없이 눈물만 흘렸다. 더욱이 장례식은 정신없이 진행되었다. 빵빵대는 뒷차 때문에 신호를 무시하고 우회전하는 것 같았다.

인생이 주차장이라면 글쓰기는 제자리에 주차하는 것이다. 딱 3가지로 살펴보자면, 일단 멈춰야 한다. 운전하면서 쓸 수는 없다. 다음은 볼일 보는 데 집중할 수 있다는 점이다. 주차를 하고 나서 금방 예식장에서 돌아오는 손님이 있다. 30분에 1,000원 하는 돈이 아까워 '신랑 신부 입장'만 보고 나온 경우다. 마지막으로 앞차가 나가야 뒤차도 나갈 수 있다.

나는 글을 쓰면서 엄마를 잃은 슬픔이 치유되었다. 얼마나 살이 찢어졌는지 제대로 보지도 못한 채 봉합된 상처는 흉이 오래 갔다. 호빵 같은 눈물을 뚝뚝 흘리면서 적은 글을 다음 날 보면 한두 줄 읽다가 말았다. 손발이 오글거려 전체를 다 읽기 어려워서다. 엄마가 고생한 일만 떠올라 후회가 되었고, 가정을 등한시한 아버지가 원망스러웠다. 처음에는 감정에만 치우친 글을 적었다. 엄마의 죽음 이후 멈춰 버린 다이어리 빈 곳에 적었다. 어느 날 돌아보니 나를 바라보는 두 아이와 기죽은 아버지가 보였다. 혼자 남은 아버지에게 엄마에게 못다 한 효도를 해야겠다는 다짐을 했다. 아버지의 불법 주차 인생에 엄마의 죽음이라는 딱지가 끊긴 것이다. 나라도 아버지를 제자리를 찾게 해야겠다고 생각해서 오빠들을 소집했다. 일주일 내내 일하느라 피곤한 오빠들도 주차장에서 남은 식구들끼리 부대끼며 엄마의 빈자리를 추억으로 채워 갔다. 눈물 자국으로 번졌던 다이어리에 해야 할 일을 적었다. 그랬더니 사실과 감정이 분리되기 시작했다. 엄마의 죽음이 꼭 나의 잘못인 것만 같던 죄책감도 가벼워졌다. 오히려 감정을 잘 추스를 수 있었다. 그러니 기쁜 일이 있거나 슬픈 일을 겪으면 잠시 주차를 해야 한다. 길가든 주차장이든 상관없다. 나라는 차를 잠시 세우고 의자를 뒤로 젖히고 쉬는 것이 필요하다.

예식을 보고 온 직원이 돌아왔다. '아버지의 주차장이니 꼭 돈을 받아야 한다'며 기어이 주차비를 쥐여 주고 갔다. 덕분에 결혼식을 편하게 보고 왔다고 했다. 인생은 누구도 알 수 없다. 그렇지. 오빠가 평일에는 회사 임원이지만 주말엔 주차장의 알바생인 것처럼 말이다. 예식장에 온 이유는 결혼을 축하하러 온 것이지 주차비를 아끼러 온 것이 아니다. 나는 엄마의 죽음으로 순식간에 튀어나온 에어백과 의자 사이에 갇힌 것처럼 슬픔을 토하지도 삼키지도 못했다. 그런 상황을 극복할 수 있게 도와준 것이 글쓰기였다. 목숨은 건졌을지 몰라도 눈에 보이지 않는 마음의 상처가 남아 있었다. 그러니 나처럼 이러지도 저러지도 못하는 슬픔에 억눌려 있는 사람이 있다면 글쓰기를 권하고 싶다. 글쓰기를 통해 조금씩 몸을 누르고 있는 에어백의 공기를 빼어 보자. 순간적으로 빠지면 몸에 상처가 남을 수 있으므로.

1-13.

감옥 가는 줄 알았다!

정인구

'변화시킬 수 있는 것을 변화시키는 용기와 지혜를 주소서' – 평화의 기도 중에서

2013년 여름, 잠에서 깼다. 어제 술에 취해 어떻게 왔는지 기억이 안 난다. 목이 탔다. 머리가 빠개질 듯 아팠다. 거실로 나왔다. 깜짝 놀랐다. 냉장고가 안 보였다. 거실이 우리 집이 아니었다. 머리가 쭈뼛 섰다. 가슴이 쿵쿵 뛰었다. 급히 방으로 갔다. 가방과 옷을 둘둘 말아 까치발로 방을 나왔다. 구두를 들고 아파트 복도를 달렸다. 엘리베이터 앞에 있던 요구르트 아주머니가 "엄마야~" 비명을 지르며 도망갔다. "죄송합니다, 죄송합니다." 도망가는 아주머니 뒤를 보며 고개를 굽신거렸다. 비상계단에서 팬티와 겉옷을 걸쳐 입고 급히 아파트 단지를 빠져나왔다. 우리 집은 대단지 주공 아파트(복도식)다. 여름이면 대부분 출입문을 반쯤 열

고 발을 쳐서 바람이 잘 통하도록 해 둔다. 술에 취해 우리 집으로 착각했다. 이 일이 있고 난 뒤 출퇴근할 때 그 아파트를 피해 한참을 돌아서 다녀야 했다. 요구르트 아주머니만 봐도 오던 길을 되돌아갔다.

33년 동안 죽으라고 술만 퍼마셨다. 내 주변에는 술친구뿐이었다. 술자리가 있으면 늘 그 자리에 있었다. 시작하자마자 폭탄주를 말아 건배하는 주도자는 나였다. 끝나 갈 무렵 술값 계산을 먼저 했다. 머리에 화장지를 두르고, 화장지로 넥타이를 만들고, 소화기를 들고 촬영 흉내도 낸다. 술 마시다가 케이크를 사고, 양초를 사 와서 이벤트도 한다. 나무젓가락으로 술병도 잘 땄다. '뻥~' 따는 소리에 주변 사람이 놀란다. 그런 게 기분 좋다. 손톱으로 술병을 딸 정도다. 술집에서는 분위기 메이커, 이벤트의 제왕이었다.

여느 때처럼 취해서 집에 왔다. 식탁 위에 메모 한 장이 있었다. A4 용지에 '나 찾지 마라, 전화도 하지 말고.' 큰 글씨로 적혀 있었다. 얼른 아내 옷장을 열었다. 옷이 반 이상 비어 있었다. 전화했다. 몇 번을 걸어도 받지 않았다. 잠시 후 다시 전화했다. '전화기가 꺼져 있다'는 기계음이 들렸다. '에이씨~ 이 여편네가 집을 나가! 들어오기만 해 봐라.' 물을 들이켰다. 물통을 아내 사진에 집어던졌다. 다음 날 아침, 이 방 저 방 문을 열었다. 화장실. 거실도 비어 있다. 온통 텅 빈 느낌이다. 어디서 잤는지 걱정이 됐다. '아무리 남편이 힘들게 해도 집을 나간다는 건 말이 안 된다'고 생각했다. 전화를 걸고 또 걸었지만 받지 않았다. 이후 술을 더 많이 마셨다. 텅 빈 집, 불 켜기도 싫어 옷 입은 채 침대에 곯아떨어졌다. 다른 놈과 자는 아내 꿈을 꾸기도 했다. 이혼을 몇 번이나 생각했다. 3개월이 조금 지났을 무렵, 아내가 돌아왔다. 얼마간 술을 절제하고, 집에 빨리 들어갔지만 이내 예전 나로 돌아갔다.

"여보, 영찬이 때문에 미치겠다." 아들 방을 청소하다가 꾸깃꾸깃 접혀 있는 대학교 성적표를 들고 나왔다. 아내 얼굴은 벌겋게 달아 있었다. 평점 1.7점, F도 몇 개 있었다. 아들은 게임에 빠져 있었다. 바쁘다는 핑계(술독에 빠져)로 아들 교육은 뒷전이었다. 어릴 때 재롱 잔치 한 번 가 보지 못했다. 졸업식도 못 갔다. 아들을 나무랄 수 없다. 그날 저녁 아들을 불러 놓고 아내의 훈시가 시작되었다. 아들은 말없이 고개를 푹 숙이고 있었다. 나도 덩달아 고개를 푹 숙였다.

2017년 토요일, 11시경, 잠에서 깼다. 어제도 어떻게 집에 왔는지 모르겠다. 속이 거북해 화장실에 갔다. 거울에 웬 괴물이 보였다. 헝클어진 흰머리, 패인 주름, 핏기 없는 야윈 얼굴. 거울을 닦고 다시 봤다. 분명 나였다. 갑자기 울컥했다. 샤워기를 틀고 욕탕에 앉았다. 눈물과 물줄기가 범벅이 되어 볼을 타고 흘렀다. 30년 전에 돌아가신 어머니 얼굴이 떠올랐다. "엄마, 죄송합니다, 엄마, 죄송합니다." 꺽꺽 목이 멨다. 결혼한 지 엊그제 같은데 어느

쓰면 달라진다

새 환갑이 되어 가고 있었다.

　새로운 삶을 살고 싶었다. 거실 소파와 TV를 당근마켓에 팔고, 소파 자리에 책장을 설치했다. 거실에 6인용 책상을 넣었다. 스마트폰 활용, 스피치 강의, 3P 셀프리더십 마스터 과정, 웃음치료사, 독서 코칭, 씽크 와이즈 강사 과정 등 닥치는 대로 배웠다. 왜 좋은 강의는 서울에만 있는지! 부산↔서울 표를 예매할 때 SRT 어느 칸이 화장실이 가깝고, 어느 자리가 편한지 훤히 꿰뚫고 있다. 돈은 2배로 들었지만, 아내와 함께여서 외롭지 않았다.

　2017년 6월 30일 새벽 4시! '금주 선언문(내가 술 마시거나 술 마시는 걸 본 사람에게 1천만 원을 현금으로 즉시 지급한다)'을 작성해서 현관 출입문과 책상 앞에 붙였다. 습관을 들이려면 21일이 걸린다고 한다. 21일을 목표로 매일 체크리스트를 만들어 날짜에 X 표시를 했다. 21일 성공, 100일, 1년, 술 끊는 데 성공했다. 지금 6년째다.

　술을 끊으니 사는 재미가 없었다. 친구들이 하나, 둘 떨어져 나갔다. 이러다 외톨이가 되는 것 아닌가 두려웠다. 예전으로 다시 돌아가고 싶었다. 자다가 벌떡 일어나 멍하니 있기도 했다. 밖에 나가면 온통 술 광고, 술집 간판만 눈에 들어왔다. 회사 회식은 어찌 그리 많은지. 유리잔에 황금빛 맥주 거품이 차오르는 걸 보며 단숨에 들이켜고 싶었다. 술병과 술잔에 눈길을 주지 않으려고 애를 썼다. 상부 기관 사람 접대는 더 힘들었다. "야~ 정 과장이 어디 큰 병 걸렸나?", "인구가 술 안 마시니 재미가 없다." 수군 거리는 소리가 들렸다. '분위기 메이커, 이벤트 제왕' 체면이 말이 아니었다. 1차 식사 자리가 끝나면 얼른 택시를 타고 집으로 왔다. 외톨이가 되는 것 같았다. 펜을 들면 손이 떨렸다. 확~ 때려치우고 싶었다. 참았다. 조금씩 '교회 오빠'로 변해 가고 있었다.

자기계발을 하면서 뭐든 아내와 함께했다. 2017년 이은대 '자이언트 책 쓰기 과정'을 신청했다. 낮엔 출근이라 새벽 시간에 글을 썼다. 새벽 4시에 일어났다. 한참을 글을 쓰고 있는데 아내가 나를 째려봤다. "왜 그러는데?", "지금 네 욕 쓰고 있다!" 나도 나를 째려보고 있다. '얼마나 내가 못된 놈인지, 이기적인지, 쪼잔하고 비겁한 놈인지' 하나, 둘 글에 내려놓았다. 무엇보다 두 아들과 아내에게 미안했다. 우여곡절 끝에 우리 책이 세상에 나왔다. 나는 《지금 당신의 삶을 찾아라.》, 아내는 《준비하는 삶》. 책을 쓰면서 서로 조금씩 이해하게 된 것 같다. 원수처럼 대하던 아내도 차츰 부드러워졌다. 하지만, 내 글을 통해 아내가 몰랐던 치부(술에 취하고 했던 행동들)가 들통나서 힘들기도 했다. 아내 2번째 책《부부 탐구생활》을 출간했다. 자이언트 이은대 대표의 소개로 'KBS 아침마당 TV'에 아내와 출연했다. 어떤 말을 했는지 기억나지 않지만, 글쓰기는 우리 부부를 하나로 묶어 주고 있었다. 아내 휴대전화에 등록된 내 이름이 '하나뿐인 내 사랑'으로 변경되는 불상사(?)가 일어났다.

"엄마~" 아들 방에서 비명이 들렸다. 가슴이 철렁했다. 얼마 전 비트코인으로 1천 5백만 원 날린 게 떠올랐다. '뭔가 또 일어났구나' 얼른 아들 방으로 달려갔다. 모니터에 '평점 4.3점, 전액 장학금'이라는 문구와 함께 아들 이름이 선명하게 적혀 있었다. 아들도 믿기지 않는 듯 아내와 나를 번갈아 봤다. 아들이 게임을 끊었다. 공부 불이 붙었다. 토익 950점, 일본어는 일본인처럼 잘한다. 토, 일요일이면 자격시험을 보러 다녔다. 면접을 몇 번 떨어지더니 작년에 대기업에 취직했다. 어버이날, 상장 수여식(?)이 있었다. 아들은 상장 케이스에 감사 인사장과 봉투(5만 원짜리 지폐가몇 장)를 나와 아내에게 각각 내밀었다. 우리가 변하니 아들도 변했다. 설명(잔소리)하지 말고 보여 주자. 글도, 자녀 교육도 마찬가지다.

새벽 4시 30분, 일어나서 찬물로 샤워한다. 하얀 와이셔츠에 나비 넥타이를 매고 줌(ZOOM)을 켰다. 하나, 둘 미라클 모닝(아주특별한아침만들기) 회원들이 들어온다. 반갑게 인사한다. 5시~6시까지 함께 책을 읽고, 글을 쓴다. 569일째다.

술에 취해 남의 집에서 잤다. 하마터면 감옥에 갈 뻔했다. 소중한 삶을 허루루 낭비했다. 술을 끊고, 6년 동안 많은 분께 배웠다. 귀하지 않은 사람이 없었고, 소중하지 않은 경험이 없었다. 그경험을 바탕으로 '글쓰기로 세상을 풍요롭게!' 「썸썸글썸 아카데미」 라이팅 코치로서 삶을 살아가고 있다. 이 행복이 지속하길 소망한다.

40세 이상이 바뀌는 건 KTX 바퀴를 바꾸는 것만큼 힘들다고 한다. KTX 바퀴를 바꾸려 하지 말고, 타고 있는 내가 바뀌면 된다. '사람은 변하지 않는다고요? 웬걸요!'

쓰면 달라진다

1-14.

글쓰기를 통해 달라진 인생 궤도

최주선

작가님!

요즘 매일 듣는 호칭입니다. 온라인에서도 오프라인에서도, 심지어 가족들조차도 농담 반, 진담 반 저를 이렇게 부릅니다. 처음 작가라 불렸을 때는 신나고 기분 좋으면서도 무척 쑥스러웠죠. 작가? 내가 작가라고? 믿기지 않았습니다. 책을 쓰겠다고 선언하고 수업 듣고, 매일 글을 썼습니다. 그렇게 책 한 권, 두 권, 세 권을 쓰고 나니 작가 호칭에 익숙해졌습니다.

처음 글을 쓰기 시작했을 때는 글 한 편 적는 데 두 시간 남짓 걸린 날도 있었습니다. 하고 싶은 말은 있는데 머리에서 엉켜 쏟아져 나오지 않았습니다. 횡설수설 같은 말을 반복했습니다. 주제를 정하고도 뭐라고 써야 할지 몰랐습니다. 화면의 깜빡이는 커서만 멍청하게 바라보기도 했습니다. 딴에는 잘 쓴다고 썼는데 시간이 지나서 다시 읽어 보면 초고는 쓰레기라는 말이 이해가 됐습니다. 부끄러웠습니다. 글 좀 쓴다고 하니까 사람들의 반응은 두 가지였습니다. 글 잘 쓴다고 응원해 주며 작가라 부르거나 개나 소나 책 다 쓴다며 뒷말하는 반응이었습니다. 지금도 주변에는 그런 시선으로 대수롭지 않게 보는 사람도 있습니다.

작가가 되었지만, 매일 글 쓰기가 쉽지만은 않았습니다. 다짐과 실행은 달랐습니다. 이런저런 일정으로 우선순위에 밀렸습니다. 12시가 넘어가면 내일로 넘기는 날이 늘었습니다. 매일 쓰면 프로, 가끔 쓰면 아마추어랬는데 저는 아마추어에서 벗어나지 못했습니다. 혼자서는 작심 5일 할까 싶어 안 되겠다며 저를 틀로 밀어 넣었습니다. 100일 글쓰기 무료 챌린지를 열고 사람들을 모집했습니다. 100일 동안 질문을 공유하고 글 쓰는 습관을 만들자는 취지였습니다. 그렇게 100일간 꾸역꾸역 글을 썼습니다. 질문을 생각하기도 쉽지 않았습니다. 책임자가 소홀히 하면 팀원의 사기를 떨어뜨릴까 봐 말 그대로 꾸역꾸역 했습니다. 그렇게 마음을 누르고 100일을 채운 날, 보상으로 며칠 쉬겠다고 생각했죠. 그리고는 마치 해방을 만끽하듯 글쓰기에 손을 놔 버렸습니다. 어떻게든 하루 분량을 쓰고 100일을 채웠지만 쉬고 싶은 마음이 가득했습니다. 글쓰기뿐 아니라 다른 일도 병행하니 힘들다고 느꼈습니다. 지금 생각해 보면 부끄럽네요. 작가 이름을 달고 매일 글 쓰기가 부담스러웠다니요.

한 달 후, 남아프리카 공화국에 사는 저와 가족은 약 4년 만에 한국을 방문했습니다. 얼마 만의 방문인지 눈코 뜰 새 없이 바빴습니다. 4년간 못 만났던 사람들 만나느라 하루가 모자랐죠. 바쁜 일정 속에서 글 쓸 겨를이 없었습니다. 많은 사람을 만나 출간 책 사인도 해 주고 작가라고 불리면서도 정작 글을 쓰지 않았습니다. 글감이 넘쳤습니다. 그러나 쓰지 않았습니다. 핑계가 좋았죠.

어느 날 이메일 한 통이 날아왔습니다. 경찰청인데 브런치에 써 둔 제 글을 사내 게시판에 직원 교육용으로 쓰겠다는 거였습니다. 경찰청이라니, 무슨 보이스 피싱인가 싶었습니다. 이제 이런 걸로도 사칭을 하나 싶었죠. 메일을 두 번 읽고, 세 번 읽었죠. 이메일 보낸 사람의 이름이 양OO 경위였는데 그 사람의 이름을 웹사이트에 검색했습니다. 실제로 다른 사람도 같은 메일을 받은 경험이 있다는 글을 봤습니다. 확인 후 흔쾌히 응했습니다. 그렇게 다시 글을 매일 써야겠다는 자극을 받았습니다. 어쩌다 한 번이 아니라 매일 쌓아야겠다고요. 그날부터 하루 이틀 글을 썼습니다. 그리곤 다시 여전히 바쁘다는 핑계로 쓰지 않았습니다. 남아공으로 돌아올 때 즈음 또 한 통의 메일을 받았습니다. 이번에는 전력 업체였는데 브런치 스토리에 써 둔 전기의 소중함에 관한 글을 보고 개재하고 싶다는 내용이었습니다. 원고료도 주겠으니 기한을 맞추어 달라는 메일이었습니다.

글을 써서 남겼더니 사람들이 내 글을 보는구나! 책보다 접근이 쉬운 인터넷 웹사이트에 올린 내 글을 읽고 있구나, 내 글에 공감하는구나, 내 글이 필요한 사람이 있다는 사실에 힘이 솟았습니다. '다시 써야겠다.', '그냥 무조건 써야겠다.' 핑계 없는 무덤은 없다더니 이제는 어떤 상황에서도 핑계를 댈 수 없구나 싶었습니다. 하루 4시간, 6시간 정전되는 날이 잦습니다. 간혹 하루 사이에 띄엄띄엄 총 10시간까지도 정전 되는 날도 있습니다. 남아프리카의 전기 사정이 좋지 못하죠. 그런 상황이라고 한들 전기 없어도 쓸 수 있는 게 글 아닙니까. 어떤 핑계도 댈 수 없습니다. 펜과 종이만 있으면 됩니다. 휴대 전화 메모장을 사용할 때는 와이파이도 필요 없습니다.

매일 씁니다. 이제는 평생 글 쓰면서 살아야 합니다. 브런치 스토리, 네이버 블로그, 아래 한글 파일, 노트, 수첩, 아이패드 굿노트 모두 글 쓸 수 있는 장치입니다. 노트북은 늘 켜 둡니다. 외출하거나 자는 시간, 정전 시간 이외에는 늘 열어 놓습니다. 책상 옆에는 메모지를 두었습니다. 글쓰기 수업에서 듣고 배운 내용을 메모지에 적어 벽에 덕지덕지 붙여 둡니다. 글감이 생각나면 메모하고 바로 그 자리에서 적어도 5줄 정도는 부연 설명을 달아 적습니다.

글쓰기 시작했을 때는 주제 잡기도, 글 흐름을 타기도 어려웠습니다. 1년 전 출간하고, 작가로서 발 디뎠을 때보다 현재의 저는 글쓰기를 통해 한 뼘 이상 성장했다고 자신 있게 말할 수 있습니다. 글쓰기 실력만을 말하는 게 아닙니다. 적어도 타자 속도는 이전보다 2.5배는 빨라졌고, 메모하는 습관이 생겼습니다. 어떻게든 책을 읽고 사색하는 시간을 가지려고 합니다. 매일 글 쓰며, 메시지를 담으려고 애씁니다. 힘든 상황 속에서도 글쓰기를 통해 삶의 지혜와 메시지를 찾으려고 합니다. 이제는 글쓰기를 억지로 끌고 가지 않습니다. 마냥 재미있지만은 않은 날도 있습니다. 그저 생각을 글로 풀어내는 훈련을 합니다. 누군가 내가 쓴 글을 통해 자신의 삶을 돌아볼 수 있게 되었다는 말에 감동합니다. 댓글로 전해지는 사람들의 생각에 또 다른 생각의 꼬리를 물게 됩니다.

작가를 넘어 책 쓰기 코치로 활동을 시작했습니다. 이제는 다른 사람이 책을 쓸 수 있도록 돕습니다. 어떻게 책을 써야 하는지 지도할 수 있게 되었다는 건 제겐 몹시 놀라운 일입니다. 나의 인생 궤도에는 없었던 일이기 때문이죠. 앞으로는 얼마나 더 성장할지, 어떤 영향력을 끼칠지는 아무도 예측할 수 없습니다. 여전히 저는 글쓰기를 통해 성장 중입니다. 다른 사람도 글로 성장하도록 도울 생각을 하니 가슴이 뜁니다. 저는 책 쓰기 코치입니다.

1-15.

글쓰기에 진심입니다

황상열

2022년 〈스트리트 우먼 파이터〉라는 예능 프로그램이 전국을 강타했다. 전문 여성 댄서들이 모여 경연하여 승부를 겨루는 형식이다. 각 리더가 자신의 팀을 이끌고 단체로 군무를 하거나 각 개인별로 즉흥적으로 춤을 추는 모습들이 참 멋져 보였다. 이전까지 이런 형식의 프로그램이 없다 보니 선풍적인 인기를 끌었다.

댄서 허니제이가 이끄는 홀리뱅 팀이 우승을 차지했다. 거기에 나온 각 팀의 리더는 모두 스타가 되어 많은 프로그램에 출연하게 되었다. 많은 리더가 있지만, 나는 평소에는 털털한 행보를 보이면서도 자신의 춤만큼은 진심을 다하는 허니제이의 팬이 되었다.

얼마 전에 출연한 예능 프로그램에서 허니제이는 자신의 팀원들과 연습실에서 춤 안무를 짜는 모습을 보여 주었다. 연습하는 시간이 새벽 1시다. 댄서의 수입이 일정하지 않다 보니 낮에는 각자 일을 해야 해서 새벽밖에 연습을 할 시간이 없다고 한다. 그렇게 밤새 연습하고 집에 도착해서 침대로 향하니 새벽 5시다. 피곤하지 않냐는 질문을 그녀에게 했다. 허니제이의 대답은 다음과 같았다.

"나에게 안무를 부탁한 사람에게 제대로 결과물을 보여 주기 위해서는 쉴 틈이 없어요. 지금까지 춤은 나의 전부였어요. 춤만큼은 진심이었기에 여기까지 올 수 있었어요."

참 멋진 말이다. 프로답다고 생각했다. 자신의 분야에서 열정을 가지고 만족할 때까지 멈추지 않고 최선을 다하는 그녀가 참 대단하다고 느꼈다. 그럼 나는 어떤 것에 진심을 가지고 있는지 한번 생각해 보았다. 의외로 답을 찾는 데 오래 걸리지 않았다.

11년 전 인생이 나락으로 떨어지고 나서 다시 살기 위해 책을 읽었다. 책을 읽으면서 나처럼 인생이 힘든 사람들을 도와주고 싶어 글을 쓰기 시작했다. 더 정확히 말하면 내가 살기 위해 글을 썼다는 게 맞을 것이다. 감정이 불안하고 마음이 약한 나는 혼자서 견디는 힘이 부족했다.

항상 사람들을 만나 나의 힘든 사정을 이야기하고 위로를 받거나 조언을 들어야 풀리는 스타일이다. 그런데 그것이 한두 번이면 괜찮은데 계속 힘들다는 이야기가 반복되니 나를 만나 주는 사람도 점점 없어졌다. 솔직히 이야기하면 내가 상대방에게 징징대다 보니 질려 버린 것이다.

혼자 있는 시간이 점점 많아지다 보니 다시 내 가슴속에는 응어리가 많이 맺혔다. 그것을 글을 쓰면서 토해 냈다. 쓰면서 내 감정을 많이 풀어냈다. 한 문장씩 쓸 때마다 사무친 내 마음이 요동쳤다. 그렇게 매일 쓰다 보니 나와 인생에 대해 알게 되었다.

7년째 무슨 일이 있어도 매일 쓴다. 이제 글쓰기는 나에게 진심이 되었다. 다른 것은 다 양보하더라도 글쓰기만큼은 누구에게도 밀리고 싶지 않다. 여전히 많이 부족한 실력이지만 이제는 정말 잘 쓰고 싶다는 생각도 많이 한다. 그래서 좋아하고 존경하는 작가의 책을 열심히 읽고 그대로 따라 쓴다. 다양한 글을 써 보기 위해 노력하고 있다.

지금도 우유부단한 면이 있다. 지나온 인생을 돌아보면 어떤 선택을 할 때마다 이리저리 망설이는 경우가 많았다. 왼쪽과 오른쪽에 각각 결과가 있다는 전제로 왼쪽을 선택하면 무엇이 더 좋을 것 같고, 또 오른쪽을 선택하면 다른 장점이 보인다.

어떤 결정은 옳았고, 또 다른 선택은 실패했다. 하지만 그 선

쓰면 달라진다

택을 하고 결정하기까지 단호하지 못했다. '단호하다'라는 것은 내 입장을 분명히 밝히는 것을 뜻한다. 사전적인 의미를 찾아보니 '결심이나 태도, 입장 따위가 과단성 있고 엄격하다'라고 나온다. 인생에서도 내 입장을 분명히 하지 않으면 상대방에게 질질 끌려다니게 된다. 나도 그랬다. 내 입장을 분명히 먼저 밝히지 않으면 상대방의 부탁이나 지시를 거절하기가 어렵다.

2017년부터 나만의 콘텐츠를 만들면서 소규모 세미나를 열었다. 아마 그것이 강의의 시작이었다. 오프라인에서 하다 보니 적정한 시간을 정하고 사람들이 모일 만한 장소를 대관했다. 1명이 신청하더라도 시간을 내어 최선을 다했다.

가끔 신청하고 개인적인 일이 생겨 못 오시는 분들이 생겼다. 처음에는 사정이 있으니 이해를 했지만, 상습적으로 신청하고 강의만 시작하면 안 오는 사람들이 있었다. 그들은 일부러 입금도 하지 않고 당일 강의에 참석하면 현금으로 주겠다고 했다. 그러나 당일 강의 1시간 전 문자로 못 온다고 연락했다. 더 이상 참을 수 없었다.

그 시점부터 나에게 불편을 주는 사람이 생기면 단호하게 대처했다. 그들이 어떻게 생각하든 단호하게 내 입장을 먼저 밝혔다. 관계에 문제가 생겼지만, 개의치 않았다. 어차피 불편해지기 시작하면 그 관계도 이어 나갈 의미가 없기 때문이다. 지금도 온라인 수업을 운영하면서 사람들이 내가 원하는 사항을 들어주지 않으면 내 입장을 단호하게 밝힌다. 예의를 지켜 가면서 할 말은 해야 뒤탈이 없다.

글쓰기도 마찬가지다. 오늘 하나의 글을 완성해야겠다고 마음을 먹었다면 단호하게 끝까지 써야 한다. 많은 사람들이 글을 쓰고 싶지만 완성하는 사람은 많지 않다. 한두 줄 쓰다가 마음에 들지 않으면 지운다. 그렇게 시간만 보내다가 무슨 글쓰기를 하냐고 정신 승리 하면서 노트북을 끄거나 노트를 찢어 버린다. 굳이 글을 쓰지 않아도 괜찮다고 애써 위로한다. 이럴 거면 차라리 처음부터 안 쓰는 것이 낫다.

이 글을 읽는 당신도 자신에게 진심인 것이 하나 있는가? 없다면 하나 찾아서 만들어 보자. 그 진심이 당신의 인생을 더 풍요롭게 만들어 줄 테니까. 오늘도 나의 글쓰기는 계속된다.

쓰면 달라진다

2부

글감은 어디에
열려
있 는 가

2-1.

책을 읽었기에

고선해

30대 중반에 강의를 시작하여 40대 초반에 자리를 잡은 내게 원장님들이 자주 했던 질문이 있다.

"어떻게 강사가 될 생각을 하셨나요?"

"빠르게 성장할 수 있었던 이유는 무엇이라고 생각하시나요?

내 대답은 언제나 같았다.

"제가 이 자리까지 올 수 있었던 이유 중, 1순위는 책을 읽었기 때문이라고 생각합니다. 책을 읽지 못했다면 나의 잠재력을 발휘하지 못했을 것이고, '어떻게 살아야 할지' 방향을 찾지 못했을지도 모릅니다. 책을 읽으면서 남들은 무모하다고 생각하는 일에도 자신감을 갖고 용기를 낼 수 있었지요. 성장을 원한다면 독서는 선택이 아니라 필수라고 생각합니다."

일본의 경영 컨설트인 노나 요시나리 씨는 9,000명의 경영자와 500개 이상의 기업을 컨설팅하면서 알게 된 사실이 있다고 한다.

"성공한 경영자 대부분이 모두 '독서가'입니다. 책을 읽지 않은 경영자치고 10년, 20년 지속적으로 좋은 업무 성과를 보인 예는 극히 드뭅니다." 나는 노나 요시나리 씨의 말에 동의한다. 한 사람이 할 수 있는 경험이나 겪을 수 있는 시행착오는 한계가 있다. 하지만 다른 사람의 실패 경험과 시행착오의 흔적이 기록되어 있는 책을 읽다 보면, 짧은 시간 안에 더욱 효과적으로 원하는 것을 얻을 수 있다.

나는 20대 후반 작은 원의 원장이 되었다. 어린 나이에 원장이 되다 보니 어려운 일이 많았다. 특히 가장 어려웠던 부분은 교사들과의 소통이었다. 어린 원장이 개성 강한 선생님들을 통솔하는 일은 결코 쉬운 일이 아니었다. 선생님들과 한 방향으로 나아가기 위해 했던 노력 중, 가장 큰 효과를 거두었던 건 '책 나눔'이었다. 책을 읽고 감동한 부분이나 교사들에게 도움이 될 구절을 예쁜 편지지에 써 주기도 하고, 초콜릿에 싸서 주기도 했다. 처음에는 대충 읽는 선생님들이 많아 포기하고 싶은 마음이 불쑥불쑥 올라왔지만 '책 나눔'을 지속했다. 차츰 책에 관심을 보이는 선생님들이 생겼고, 책을 선물로 주고받으면서 책에 있는 내용으로 토론하기도 했다. '책 나눔'을 시작으로 원에 독서 문화가 자리 잡히면서 팀원들과의 소통과 공감이 쉬워졌다. 한 방향을 바라보면서 교육하고 싶었던 나의 바람도 자연스럽게 이루어졌다.

경영에 관한 책을 읽으면서 큰 투자 없이 할 수 있는 차별화 경영에 대한 방법도 찾게 되었다. 그중 한 가지는, 지역 사회에서 최초로 아이들에게 점심 반찬을 제공하는 것이었다. 지금은 모든 원에 주방 시설이 갖추어져 있고, 자격 있는 조리사님을 채용하여 아이들에게 점심을 제공하고 있지만, 30년 전에는 당연한 일이 아니었다. 반찬은 집에서 싸 오고 원에서는 따뜻한 밥만 제공했다. 엄마들이 집에서 반찬을 준비하다 보니 아이들이 좋아하는 것 중심으로 싸 주었기에 편식 지도가 쉽지 않았다. 부모들도 매일 싸야 하는 도시락 반찬에 대해 큰 부담을 느끼고 있었다. 아이들의 편식 지도와 부모님들의 부담을 덜어 드리기 위해 조리사를 채용하고 원에서 반찬까지 제공했다. 같은 반찬을 먹게 되자 아이들의 편식 지도가 쉬워졌고, 급식 비용을 내면서도 부모님들은 고마워했다.

책을 읽다 보니 급식처럼 내가 처한 환경에서 큰 투자 없이 차별화할 수 있는 전략이 자연스럽게 보였다. 그 전략을 하나씩 실행하다 보니 지역 사회에서 경쟁력 있는 원이 되었다.

강의를 하면서도 '어떻게 차별화할 것인가?', '내가 수강생이라면 어떤 강사가 좋을까?' 늘 생각했다.

고민 끝에 찾은 방법은 원에 가서 바로 활용할 수 있도록 최대한 많은 자료를 제공하는 것이었다.

2004년에는 강의 후 자료를 제공하는 강사들이 많지 않았으므로 큰 경쟁력이 되었다.

강의를 들은 수강생 중 "소장님 강의 자료를 이렇게 다 제공해 주셔도 되나요? 우리는 좋지만 다음 강의는 어떻게 하시려고요?"라며 걱정할 정도였다.

책을 읽었기에 늘 '어떻게'를 생각하면서 더 나은 방법을 찾았다.

책을 읽었기에 나의 고객들에게 필요한 자료가 무엇인지를 알고 풍성하게 제공할 수 있었다.

책을 읽었기에 내가 잘할 수 있는 일이 무엇인지 빨리 찾게 되었다.

책을 읽었기에 있는 그대로의 나를 사랑하고 인정하면서 자존감을 높일 수 있었다.

책을 읽었기에 내가 세상에 기여할 수 있는 재능이 있다는 것도 알게 되었다.

책을 읽었기에 책 속에서 얻은 지혜로 후회할 일들을 덜 만들면서 살 수 있었다.

책을 읽었기에 매일매일 세상과 나 자신의 잠재력에 대해 새로운 것들을 배우며 정신적으로 성장할 수 있었다.

이런저런 이유로 책을 읽지 않는 사람들에게 세계적인 동기부여 연설가 브라이언 트레이시의 이야기를 전하고 싶다. "일 년 동안 매일 2시간씩 자신이 일하는 분야와 관련된 독서를 하면 2년 안에 연봉을 두 배로 올릴 수 있습니다."

나도 책을 읽으면서 나의 가치를 높일 수 있었고, 경제적 자유도 얻게 되었기에 힘주어 말할 수 있다.

　　"적은 비용으로 최대 효과를 누릴 수 있는 가장 쉬운 방법은 단연코 독서입니다. 그러니 자신의 가치를 높이면서 빠른 시간 안에 경제적 자유를 얻고 싶다면 독서를 하세요."

쓰면 달라진다

2-2.

일상에서 메시지 찾는 법

$\boxed{김삼덕}$

일상에서 글감을 찾아보자. 아주 가까운 곳에서. 운전대를 잡은 딸의 손이 보인다. 5월 5일 어린이날이다. 딸의 생일이기도 하다. 2박 3일의 7번 국도 여행을 출발한 것이다. 여행길에 운전을 하겠단다.

운전하는 그 손을 보자니 어릴 적 생각이 났다.

어릴 적 항상 저 손을 잡고 다녔다. 행여 놓칠세라, 잃어버릴까 봐, 아침에 출근하면서, 또 퇴근할 때도. 보호를 받았던 그 손이다. 출근하는 자체가 전쟁이었다. 자는 딸을 깨우고 억지로 밥을 먹이고 옷을 입혀 나간다. 내 보폭을 따라오지 못해 손을 놓칠 때가 많았다. 저만치 걸어가다 돌아보니 잠이 덜 깬 모습으로 따라오고 있다. 버스를 놓칠세라 다시 손을 잡는다. 겨우 버스에 오르면 운이 좋은 날은 자리가 있었다. 자리가 없으면 계속 손을 잡고 있었다. 나는 유치원 선생님이었다. 유치원에 가면 딸은 나를 선생님이라 불렀다. 업무가 끝나고도 행사라도 잡혀 있으면 늦게 퇴근한다. 그때까지 옆에 있었다. 얼마나 힘들었을까. 그러면 다시 버스를 타고 집에 온다. 손을 꼭 잡은 채.

오늘은 나를 보호하고 있었다. 내 보호를 받았던 그 손으로 직접 운전을 하면서 말이다.

"점심 생각한 것 있어요?" 운전하다가 묻는다. 난 아무 생각이 없었다. 딸하고 여행하는 그 자체가 좋을 뿐이다. 친정엄마와 여행을 못 해 본 것이 후회스러웠다. 일만 하고 살다가 그런 기회를 못 만들었다.

엄마는 내 곁을 영원히 지켜 줄 줄 알았다. 주무시다 바람처럼 가셨다, 막내인 나는 엄마랑 대학생 때까지 단둘이 살았다. 봄이 되면 엄마가 더 그립다. 쑥을 좋아하는 나를 위해 집 언덕에 쑥을 심어 놓았다. 언제라도 와서 쉽게 뜯어 가라고. 올해 봄에도 쑥을 캤다. 바빠도 이 일은 계속한다. 엄마와의 만남이기 때문이다. 그렇게 아끼던 딸이 결혼해서 딸을 출산했을 때 안양까지 오셔서 한 달을 돌봐 주셨다. 시아버님 모시며 사는 나를 안쓰러워하셨다. 직장까지 다녔으니 엄마와 단둘이 여행을 간다는 건 꿈도 꾸지 못했다. 딸에게는 그런 후회를 주지 않으려고 휴일에는 여행을 같이 다닌다. 이은대 작가님을 만나면서 글을 쓰자는 욕심도 생겼다. 딸과 여행을 하면서 여행기로 쓰고 싶었다.

딸은 차를 한쪽에 세우더니 맛집을 검색했다. 비가 온 탓에 윈도우 브러시는 계속 좌우로 움직였다. 날씨가 이러니 따뜻한 걸 먹고 싶었다. 해물 뚝배기로 결정. 2박 3일의 여행 내내 식사와 숙소를 그 손으로 검색해서 만족감을 주었다. 여행을 마치고 늦은 밤에 도착했다. 다음 날은 어버이날. 일어나 보니 딸은 이미 출근을 했다. 나는 어버이가 안 계시니 챙길 것도 없다. 학교 수업 마치고 가게 와서 손님 맞을 준비를 하는데 카네이션과 돈 봉투를 예쁜 손으로 들고 왔다. 함께 여행 간 것이 선물인데 이렇게 챙겨 주니 뜻밖이었다. 꽃은 피아노 위에 올려놓고 봉투는 가방에 넣었다. "같이 식사하실래요?" 난 고개를 저었다. 저녁은 되도록 안 먹으려 노력 중이다. 그리고 손님 올 시간도 되었고. 그냥 보내고 꽃을 카메라에 담았다.

내 손으로는 엄마께 무엇을 해 드렸을까? 생각해 보았다. 카네이션을 만들어 엄마 가슴에 달아 주었던 기억이 난다. 온종일 차고 다니며 기뻐하셨다. 난 손으로 하는 걸 제법 한다. 농촌에 산 관계로 중학교 때도 밭일과 논일을 했다. 일손이 부족하면 동네 사람들은 나를 불렀다. 밭에 "풀이 자라서 걱정이야. 일요일 날 시간 있어?" 모내기 철에는 논에서 모도 심었다. 논두렁 양쪽에서 줄을 잡는다. 발이 푹푹 빠졌다. 한 줄로 서서 다 심으면 줄이 이동한다. 일을 마치면 어른과 똑같은 일당을 주었다. 아르바이트가 별로 없던 시절에는 짭짤한 용돈이었다.

이 손으로 바느질도 했다. 미싱은 서투르다.

중학교 가정 시간에 치마 만드는 숙제가 있었는데, 손으로 다 만들어 갔다. 친구들은 엄마 찬스를 쓰기도 했다. 손으로 만든 내 치마도 칭찬을 받은 걸 보면 괜찮았나 보다. 어른들이 하는 시보리 하는 걸 눈여겨 보아서 해 보았다. 이것도 손으로 하는 것이다. 시보리는 일본에서 온 일감이다. 문양대로 코바늘로 엮어 가는 것이다. 염색하고 엮은 부분을 펴면 예쁜 모양이 만들어지는 것이다. 오래된 일이다. 뜨개질도 많이 했다. 아들, 딸의 모자부터 옷까지 떠서 입혔다. 딸이 초등학교 때 무용을 했는데 무용복이 필요했다. 백화점에 가 보니 생각 외로 비쌌다. 그래서 모양만 보고 왔다. 뜨게 실을 사서 며칠 날밤을 보내고 대회 때 그 옷을 입혔다. 이처럼 어릴 적부터 손을 많이 사용했다. 사람들은 내 손을 보면 손이 예쁘지 않다고 말한다. 요즘 많이 하는 네일 아트를 해 본 적도 없다. 메니큐어도 안 바른다.

친정엄마가 손으로 만들어 준 한복이 장롱 한쪽에 있다. 남편의 삼베옷도 있다. 천만 있으면 뚝딱뚝딱 만들어 냈다. 그 손으로 우리 5남매를 키워 냈다. 종교 생활도 하면서 주일에 음식 봉사도 많이 하셨다. 손을 아끼지 않으셨다. 일을 해도 손이 예쁘면 좋겠지만 난 이대로 만족한다. 아니, 자랑스럽다. 이 손에 얽힌 사연들이 소중하다.

지금도 손을 아끼지 않는다. 엄마의 손길이 내게로 오고, 내 손길이 딸에게로 간다. 손끝에서 전해지는 사랑을 느낀다.

쓰면 달라진다

가을이 되면 감나무에 주렁주렁 감이 열린다. 쓰려고 하니 글감도 내 주위에 주렁주렁 열려 있다. 주위를 살펴보자. 무엇이 보이는가. 귀를 기울이면 무슨 소리가 들리는지. 촉을 세워 보자.

글쓰기를 만나기 전에는 스쳐 지나갔던 일도 글감으로 다가 왔다. 한 줄 읽는 책에서도, 방송의 멘트도, 나누는 대화도 모두 글감으로 다가왔다.

친정엄마가 그랬듯이 딸의 손을 잡아 본다. 딸을 잡은 내 손길에는 친정엄마의 기억이 묻어 있다.

가까이 있는 자녀, 배우자, 부모를 상대로 글을 써 보자. 웃었던 얘기, 귀 기울였던 얘기, 따스한 손길로 감싸 주었던 얘기, 등을 내어 주었던 얘기, 항상 곁에 있어 주었던 얘기를 써 보자. 자신이 얼마나 소중한지를 글을 통해 깨닫게 해 주자. 받은 사랑을 글을 통해 주변에 되돌려 주자.

2-3.

기록은 할 수 있는 모든 게 글감이다

⬭ 김형준

　월요일 같은 화요일이었다. 자리에 앉기도 전에 상무가 나를 불렀다. 상무는 일이 한번에 끝나면 재미없다고 생각하나 보다. 이틀 동안 만든 명세서를 다른 양식으로 수정해 보내 달란다. 기운 빼는 데 선수다. 오후에 나간다고 오전 내로 마무리를 해 달라니! 이게 말이야, 방귀야. 물론 상무를 탓할 건 아니다. 그도 똑같은 월급쟁이이니 말이다. 온 정신을 집중하면 시간 내 마무리할 수 있을 것 같다. 그런 바람은 바람에 날리기 마련이다. 잠시 뒤 출근한 대표는 의자에 앉기도 전에 나를 부른다. 이런 경우는 십중팔구 급하게 시킬 일이 있다는 의미다. 지난주 거래처와의 미팅을 묻는다. 협의했던 내용을 보고하니 오후에 결과물을 보여 달란다. 대표는 나를 과대평가하는 경향이 있다. 능력 있어 보이게 포장한 내 잘못이다. 곧바로 협력 업체에 전화했다. 내가 쪼이지 않으려면 그들에게 부탁해야 했다. 아니나 다를까 통화가 끝

쓰면 달라진다

날 즈음 상대는 대놓고 한숨을 쉬었다. 까라면 까야 하는, 같은 월급쟁이끼리만 통하는 기분이 똥 같은 순간이다.

사무실 문이 열리는 소리에 고개를 드니 점심 도시락이 도착했다. 나도 때를 맞춰 점심 먹기 위해 사무실을 나섰다. 오늘따라 버스도 늦게 온다. 평소보다 20분 늦게 식당에 도착했다. 대기 손님도 두 테이블이나 있다. 마음이 급하니 손도 바쁘다. 서둘러 식사를 마치고 다시 버스 정류장으로 갔다. 사무실에 들어가니 상무는 내가 오길 기다린 눈치다. 이 회사가 그나마 마음에 드는 건 먹을 때는 건드리지 않는다는 점이다. 대표도 상무도 내 밥 시간은 보장해 준다. 나에게 점심은 일에서 떨어져 온전히 나를 쉬게 하는 시간이다. 당연한 권리인 만큼 꼭 지킨다. 그래서 늘 1시간을 꼬박 채우고 사무실로 돌아온다.

아침에 지시한 일은 겨우 시간 내 마무리했다. 이제 좀 숨을 돌리나 싶었던 찰나, 또다시 불러 앉힌다. 이번에는 시간이 더 필요한 일을 준다. 아주 날을 잡았다. 근로자가 근로자의 날에 쉰 게 그렇게 괘씸한가. 고맙게도 지루할 틈 없이 일을 떠먹여 준다. 어금니 사이 낀 고기를 빼지도 못한 채 모니터만 바라보고 있었다. 부재중 전화가 와 있는 걸 나중에 알았다. 큰딸이었다. 학교가 끝나고 전화할 때는 대개 부탁이 있다는 의미다. 어떤 부탁을 하려는지 궁금해 다시 전화 걸었다. 큰딸이 받았다.

"아빠, 뭐 해?"

"아빠 일하지. 뜬금없이 그런 걸 묻니?"

"아니야, 그냥. 아빠, 고마워."

난데없는 고백에 바짝 긴장했다. 사고 칠 나이는 아닌데 뭐지? 다음에 어떤 말이 나올지 귀를 바짝 세웠다. 그렇다고 건조하게 대답할 수 없을 것 같다.

"고맙긴. 그렇게 말해 주니 아빠도 고맙다."

중2 사춘기여서 최대한 심기를 건드리지 않게 대답했다.

"어, 알았어, 아빠. 그럼 일해. 아빠— 사랑해."

"어? 어, 그래. 말해 줘서 고맙다."

말문이 막혀 버벅대며 겨우 대답했다.

전화를 끊기까지 30초도 안 걸린 것 같다. 그사이 '고마워', '사랑해'를 큰딸에게 들었다. 초등학교부터 사춘기를 지나는 지금까지 한 번도 못 들어 본 단어였다. 말이 많아지면 눈물이 날까 서둘러 통화를 마쳤다. 잠시 뒤 아내에게 카톡이 왔다. 아내에게도 같은 전화를 했나 보다. 아내는 큰딸의 말에 눈물이 났단다. 나도 그랬다고 했다. 한편으로 다행이다. 아직까지는 큰딸에게 엄마, 아빠 노릇을 잘하고 있나 보다.

낮 동안 직장에서 있었던 일을 적었다. 평소와 다르지 않았던 하루였다. 정신없이 바쁜 날이 있으면 이래도 되나 싶을 정도로 한가할 때도 있다. 잘못해 잔소리를 듣는 날도 있고 잘했다며 엄지를 치켜세워 주는 날도 있다. 아내에게 저녁으로 뭘 먹을지 물어보는 메시지를 보내기도 하고, 학원 가기 싫다며 떼쓰는 둘째의 전화를 받기도 한다. 오늘처럼 난데없는 큰딸의 고백을 듣는 건 아빠가 되고 처음 있는 일이었다. 기억하고 싶어서 이렇게 글로 남긴다. 기록하지 않으면 기억에 남지 않을 테니 말이다. 이제껏 살아오면서 기억에 남은 날보다 기억하지 못하는 날이 더 많았다. 그래서 6년 전부터는 글로 남겼고, 기록된 날은 그나마 기억되어 있다. 기억이 떠오르지 않아도 적어 놓은 글을 꺼내 읽으면 다시 그 순간으로 되돌아가게 된다.

평범했던 하루를 기록하면 특별한 날로 기억된다. 평범했던 하루뿐 아니라 우리가 살아가는 모든 순간을 기록하면 글감이 된다. 매일 특별한 이벤트가 일어나지 않는다. 매일 경중을 다투는 사건이 터지지도 않는다. 그렇다고 하루가 아무 일 없이 흘러가는 건 더더욱 아니다. 다만 기억하고 싶은 순간을 기록하는 것과 기록하지 않는 차이일 뿐이다. 모든 순간을 기록하지는 못할 터다. 그래도 잊고 싶지 않은 순간만큼은 기록해 놓는다. 그 기록이 쌓이면 추억이 되고 추억이 쌓이면 되돌아가고 싶은 순간도 많아질 것 같다. "기록하면 삶이 지루하지 않고, 추억이 많으면 삶이 풍요롭다." 내가 한 말이다. 기록하고 기억하며 살아 보니 알게 되었다. 하루를 기록하는 것만으로도 삶은 충만해질 수 있다는 것을.

글을 쓰기 전에는 이런 즐거움을 몰랐다. 화가 나면 술로 풀었고, 술로 못 풀면 아이들에게 풀었다. 직장에서 받은 스트레스를 핑계로 아내에겐 입을 닫았다. 그때는 하루 동안 즐거울

일이 없었다. 웃을 일보다 인상 쓰고 짜증 내는 시간이 많았다. 요즘도 같은 직장을 다니고 똑같은 일을 하고 있다. 여전히 스트레스받고 그만두고 싶은 순간이 셀 수 없다. 다행히 그때와 달라진 한 가지는 글을 쓴다는 것이다. 왜 스트레스를 받았고, 어떤 일이 있었는지 되짚어 보고, 무슨 일 때문에 화가 났는지 적어 본다. 적을수록 별일 아니게 넘기기도 하고, 나 때문에 곤란했을 상대방을 생각하기도 한다. 글로 적다 보면 내 감정을 선택할 수도 있다. 글로 적으면서 말이다. 그러니 글로 쓰지 못할 게 없다. 글을 쓰기 위해 글감을 찾는 게 아니라 쓸 수 있는 모든 게 글감이 되는 것이다. 오늘 내가 경험한 모든 순간, 그 순간에 느꼈던 감정까지도 글이 된다. 있는 그대로 보이는 그대로 느끼는 그대로 기록만 하면 된다. 기록할 수 있는 모든 게 글감이다.

쓰면 달라진다

2-4.

글감과 추억의 컬레버레이션

(박지연)

"뭘 써야 할지 모르겠어요."
"쓰고 싶은데, 쓸 게 없어요."

글을 써야 할 때마다 일관되게 푸념했다. 같은 일상에 특별한 이벤트가 없다는 볼멘소리를 했다. 글쓰기 수업, 관련 도서, 영상 모두 일상에서 글감을 찾으라 한다. 오전 수영, 아이들 등교, 온라인 수업, 아이들 하교, 학원 셔틀, 저녁 식사, 자유 시간, 저녁 수업, 자유 시간, 수면이라는 패턴으로 평일을 보낸다. 요일별로 작은 차이는 있지만 큰 틀 안에서는 비슷하다. 만나는 사람도 그렇다. 나이가 들수록 인간관계는 점차 좁혀지고 있다. 오랜만에 연락해도 반갑게 맞아 줄 수 있는 사람, 속마음을 털어놓아도 될 만큼 편안한 사람, 자기계발을 목적으로 만나는 사람들이 전부라 타인을 소재로 말할 거리도 없다.

어쩌다 한숨이 길었던 날 빈틈없이 의자에 앉아 노트북을 연다. 먹구름만 가득한 마음으로 써 둔 글은 볼 때마다 잊었던 감정과 기억을 소환한다. 밤에 쓴 편지는 부치지 말라는 이유가 있는 거라며 오전 시간에 앉아 보지만, 선뜻 써지지 않는다. 글쓰기 수업을 듣고 관련 책을 보며, 나만 이런 고민을 하는 게 아니란 걸 알았다. 일상을 글감으로 글 쓰는 방법이라는 예시 글을 읽으며 끄적이기 시작했다.

매일은 차치하고라도 일주일에 두세 번 이상은 글을 쓰겠다고 결심하니 사물을 향한 시선을 달리할 수밖에 없었다. 태도를 바꾸며 깨달았다. 일상에서 찾을 수 없다는 건 핑계에 불과하다는걸. 어떤 사물을 만났을 때 그것과 관련한 기억이 떠올랐다. 어떤 사람을 만났을 때 그와 함께 한 지난날이 떠올랐다. 글감과 추억의 컬레버레이션. 생각의 물꼬가 트이면 빈 종이나 핸드폰을 열어 연상되는 것들을 가지치기한다. 꼬리에 꼬리를 물기 시작하는 기억은 유년 시절까지 닿기도 한다. 두서없이 적은 내용을 다시 정렬한다. 한 가지 이상의 주제가 나오면 유레카를 외쳤다.

이 글을 쓰는 시간은 5월 4일 오전 7시 53분. 6시 10분 수영을 마치고, 한 층 위에 있는 카페로 올라와 따뜻한 라테 한 잔을 주문했다. 요즘 날씨가 사춘기와 갱년기 어디쯤인가 보다. 아침저녁으로는 도톰한 외투를 입어야 하는데 낮에는 그 외투가 짐이 된다. 라디오에서는 전례 없던 날씨로 인해 농작물 폐해가 속출

한다고 한다. 수영을 마치고 나왔는데도 여전히 어깨가 움츠러든다. 흰색 원형 모양에 그리스 로마 신화에 나오는 세이렌이 초록색으로 그려진 컵을 든다. 따뜻한 라테 한 모금이 떨어지는 체온을 제자리로 돌려준다.

수험생 시절, 매일같이 수면 부족에 시달렸다. 오전 7시에 등교해서 야간 자율 학습을 마치면 9시. 다음 날 학교로 가는 버스 안에서 졸다가 정거장을 지나치기도 했다. 수업이 시작되면 어김없이 졸렸다. 2교시 쉬는 시간 종이 울리면 매점으로 달려가서 400원짜리 레쓰비 캔 커피를 샀다. 잠을 물리치려 마셨는데 하품이 끊이질 않았다. 카페인도 눈꺼풀의 무게를 이기지 못했다. 대놓고 엎드려 자는 수업도 있었다. "너, 자려고 커피 마시는 거지?" 친구들이 웃으며 말했다. 그 시절 커피는 각성제가 아닌 수면제였다.

이십 대가 되며 내 돈 주고 커피를 사 먹는 날은 드물었다. 밥보다 비싼 커피를 사 먹는 사람들을 칭하는 '된장남, 된장녀'라는 신조어가 생겼다. 커피를 좋아하지 않으니, 새로운 단어가 낯설었다. KTX 승무원으로 직장생활을 할 때 선후배나 상사의 권유로 어쩌다 한잔을 마시면 심장 박동 수가 불규칙해졌다. 상행선 근무를 마치고 숙소에 도착하면 잠시지만 낮잠으로 체력을 충전했다. 커피를 마신 날은 빠르고 가파른 심장 떨림으로 휴식을 취할 수 없었다. 누워 있으면 더 심하게 압박해 왔다. 충분히 피로를 풀지 못하니 내려오는 내내 머리가 어지러웠다.

　삼십 대. 두 아이를 키우느라 밥 한 끼 제대로 챙겨 먹기 힘들었다. 복직한 엄마들 얘기를 들으니 출근해서 가지는 티타임이 그렇게 위로가 된단다. 비로소 자기 삶을 찾은 것 같다고 하는데 글쎄, 커피 한잔으로 가능할까. 물음표와 말 줄임표가 뒤엉켰다. 둘째가 어린이집에 입소하며 다시 일을 시작했다. 오전 미팅 때 동료가 커피 한 잔을 건네주었다. 의자에 등을 기대고 앉아 화면을 바라보며 한 모금씩 마셨다. 향과 맛이 입안에 퍼졌다. 그제야 그 말이 어떤 뜻이었는지 알 듯했다. 서서 급하게 마시는 차 한잔, 밥 한 숟갈이 아니라 여유 있게 마실 수 있는 순간, 맛, 기분 모든 게 낯설면서도 묘하게 다가왔다.

　사십 대. 남편이 카페를 차렸다. 커피 한잔도 안 마시던 사람이 카페를 운영하며 바리스타, 라테 아트, 원두 감별사 자격증을 취득했다. 원두가 들어 있는 패키지를 가져오더니 핸드 드립 도구가 도착했다. 예쁜 찻잔과 캠핑용 컵도 도착했다. 이달의 원두라며 매달 다른 원두를 가지고 온다. 드립백 패키지가 재단장될 때는 박스째로 가지고 온다. 주방 동서남북 어디든 커피와 관련된 것들로 가득하다. 다른 카페 원두도 가져온다. 마셔 보고 솔직한 피드백을 달라고 한다. '서당 개 삼 년이면 풍월을 읊는다.'라는 속담은 여기서도 통한다. 하루에 한잔 이상 마시다 보니 콧속 세포와 혀의 돌기가 발달했다. 냄새만으로도 어떤 원두를 사용했는지, 맛만으로도 어떤 재료와 조합했는지 짐작할 수 있게 되었다.

　　　　　　　　　　　　　　　쓰면 달라진다

수영을 마치고 카페로 올라가 주문한 라테 한잔. 글감을 찾겠노라고 빤히 보고 있으니 그것과 연결된 기억들이 손끝에서 자연스레 브레인스토밍 되었다. 빈 종이에 두서없이 나열된 글을 재정렬하니 한 편의 글이 완성됐다.

글을 쓰기 위해 글감을 찾았다. 찾다 보니 관찰하게 되었다. 관찰하다 보니 태도가 달라졌다. 태도를 달리하니 그 속에 있는 기억이 떠올랐다. 처음부터 잘되었던 건 아니다. 종이에 끄적인 단어를 재정렬하고, 메시지를 담기까지 여러 차례 시행착오도 겪었다. 분량이 부족한 글도 많았지만, 이 또한 과정이라며 쓰기를 이어 갔다. 글감과 추억의 컬레버레이션을 시작한 후로는 쓸 내용이 없다거나 어떤 주제로 써야 할지 모르겠다며 하소연하는 날이 현저히 줄었다.

'자세히 보아야 예쁘다 / 오래 보아야 사랑스럽다 / 너도 그렇다.' 나태주 시인의 〈풀꽃〉 시 구절처럼, 글감이 될 수 있는 하나하나를 자세히 오래 관찰하자. 추억과 함께 믹서기에 넣고 갈아내는 순간 손가락 끝에서 마법이 일어날지도 모른다.

2-5.

SNS 일상의 모든 것

백란현

SNS에서의 나의 삶 공유는 일상생활이다. 소소한 일상 기록물은 나에게 글감 창고가 되었다. 오늘 이 순간 기록이 어떤 글에서 이야깃거리로 연결될지 지금 당장 알 수는 없지만, 매일 찍은 사진과 한두 줄의 메모는 내가 독자를 향하여 메시지를 전할 때 재료가 된다.

교사 작가로 살기 시작하면서 타임 스탬프가 표시된 사진을 자주 찍는다. 학생들에게 매일 책을 읽어 줄 때도 현재 시각을 넣어 사진을 찍는다. '#매일책읽어주기' 태그를 표시한 후 3초 만에 피드 사진도 올린다. SNS에서 만나는 사람들의 공감 버튼과 백 샘 같은 담임 교사를 만나고 싶다는 지인의 댓글은 동력이다. 다음 날도 나는 반 학생들에게 책 읽어 준 사진을 공유한다.

국어나 도덕 등 교과 수업한 사진도 학생들 얼굴만 모자이크

처리한 후 올리기도 하고 그림책을 어떤 수업에 활용하였는지 수업 아이디어도 SNS에 올린다.

운동회를 앞두고 만국기를 설치한다. 학년에서 선생님 두 명씩 운동장에 나와 달라는 방송도 들린다. 학교 건물 중앙에 위치한 교무실을 기준으로 하여 아홉 명의 교사가 만국기 한 줄씩 잡았다. 돌돌 말린 줄을 풀면서 운동장을 가로질러 걸었다. 행정실 주무관이 농구 골대 위에 올라가 만국기 끝부분을 묶을 때를 기다린다. 한 손엔 만국기 줄을 잡고 다른 손에 스마트폰을 들었다. 아홉 줄의 만국기가 교무실에서 퍼져 나간 사진을 찍었다. 틈새 시간을 활용하여 인스타에 기록했다. '만국기 한 줄씩 잡고'라고 짧은 멘트도 덧붙였다. 순간의 기록일 테지만 블로그나 저서에 일부 내용으로 들어가지 않을까 기대한다. 오늘 하루도 SNS에 10장 넘게 사진을 올렸다. 마치 백작이 여기 있다고 신호 보내는 것처럼.

김해교육지원청에서 145권의 책값을 받았다. 내가 맡은 5학년 학생들을 위해 예스24에서 책을 샀다. 적립 포인트가 약 9만 점 쌓였다. 포인트를 활용하여 5학년 담임 선생님들에게 학생 지도용 동화책을 사 주고 싶었다. 지난주 금요일 퇴근 전, 내부 결재 올렸던 기안문 진행 상태를 확인했다. 결재가 완료되었다. 행정실 차장에게 결재받은 대로 예스24에서 책을 주문 넣겠다고 말했다. 학교 이름으로 회원 가입이 되어 있어서 그런지 사업자 등록번호도 필요했다. 행정실 덕분에 8권을 주문했다. 주문이 완료된 화면을 캡처한 후 인스타에도 몇 초 만에 사진 업로드했다. '담임용 도서 포인트 주문 성공'이라는 기록과 함께.

평소 SNS 운영을 잘하고 있다고 생각해 본 적 없다. 4월 30일 라이팅 코치 수료식에서 백작은 인스타 관리를 잘한다고 동료 코치가 나를 인정해 주었다. 블로그 운영 기간은 17년, 인스타그램은 시작한 지 2년 되었다. 블로그 칭찬이었다면 스스로도 잘하고 있다고 인정했을지도 모른다. 시시콜콜한 하루 사진을 인스타에 10회 이상 업로드해서 나를 팔로우 하는 동료 작가에게 무안한 마음이 들 지경이다. 내 피드를 읽는 동료 작가가 날 팔로우 신청한 것을 후회하진 않을까 염려도 된다. 동료의 공감 덕분에 흥이 났고 내 일상을 공유하는 것이 나의 글에도 도움이 된다는 것을, 내가 잘해서가 아니라 함께 글 쓰는 작가들 덕분에 알게 되었다. 순간마다 스치는 생각을 묻어 두지 않고 인스타에 묶어 두는 습관은 내가 작가로 살아가는 좋은 습관이다. 전업 작가가 된 것 같은 기분까지 들어 오늘도 글 한 편 쓸 수 있겠다는 자신감도 생겼다.

학년 부장을 맡은 후 '#학년부장' 태그를 건 게시물을 자주 올린다. 부장 맡을 교사가 없다는 이야기를 듣고 부담을 안고 2023학년도를 시작했다. 부장 업무에 대해 스스로 흥을 북돋우어야 한다. 또한 교사 작가로 살아가면서 나의 게시물을 지켜보고 있는 여러 선생님들에게 긍정적인 에너지를 뿌리고자 한다. 수동적으로 일을 진행하려는 마음이 들 때 '부장 기회를 주어서 감사하다'라는 멘트와 함께 학년에서 일한 사진을 올린다. SNS에 올린 내용이 넋두리가 되지 않도록 노력한다. 일의 능률도 높이고 내 삶도 의미 있게 지켜보고자 애쓴다.

코로나로 멈추었던 행사가 다시 시작된다. 학년 부장의 손으로 챙겨야 하는 동시다발적인 일도 늘어난다. 학년 교육 과정 운영에 포함된 운동회 협의나 현장 체험 학습을 챙기는 일, 법인 카드를 챙겨서 가는 출장, 학생들 시력 검사, 공개 수업 준비, 학습 준비물 주문……. 외면할 수 없고 해결해야만 하는 의무를 하나씩 챙겨 가면서 하루가 글감이란 생각과 기록 쌓는 재미를 동시에 가진다.

며칠 전 우리 학교 학부모이자 지인이 내 인스타를 팔로우했다고 연락이 왔다. 시시콜콜한 사진이 많아서 읽기 귀찮지 않냐고 물었더니 백 샘을 깊이 알게 되어서 좋다고 했다. 바쁜데 대단하다는 말도 들었다.

나의 일상 공유로 인해 오히려 다른 교사들의 수고가 깎이는 것은 아닌지 염려가 되어 '책먹는여자' 유튜브 라이브 방송에서 내 생각을 전했다. 나만 교육 현장에서 바쁘게 살아가는 것이 아니라고. 내 주변 초등 교사들은 모두 나처럼 학교에서 학생들 교육을 위해 애쓰고 있다고. 다만 다른 교사와 내가 다른 점은 'SNS'

하나다. 교사 작가로 살아가는 나는 블로그나 인스타에 나의 일 거수일투족을 공유한다. 내 실명과 근무 학교까지 모든 것을 드러낸다.

달리쌤은 글쓰기 연수에서 "작가는 관종이다."라고 말했다. 어린이들 글쓰기 지도에서도 서로 작품을 읽어 보게 하고 칭찬과 격려가 필요하다는 이유다. 연수 들은 이후부터 나 백작도 '관종' 이란 사실을 받아들였다. 이전보다 적극적으로 나의 동선까지 공유했다. 운전 연습을 할 때에도, 딸 아이 태권도 학원 차량 마중 나갈 때에도, 몇 초 투자만으로 재빠르게 실시간 사진을 올렸다.

매번 두서없이 기록한 사진과 한두 줄 문장은 내 책을 쓸 때 이야기의 시작이 된다. 첫 책을 집필할 때 블로그에서 도서관 리모델링 공사 사진도 찾았고 공사 날짜도 확인했었다. 블로그 속 짧은 기록 덕분에 기억을 소환할 수 있어서 책을 낼 수 있었다.

하루를 살아가면서 찍어 둔 사진과 한두 줄 메모를 SNS에 공유한 덕분에 메시지를 담는 글을 쓸 수 있다. 내 주변은 글감 덩어리다. 업무, 가정, 나에게서 글감을 찾는다. 글감 여부를 고민하지 않고 내 시선에 걸린 것은 무조건 SNS에 옮겨 둔다. 보관해 둔 후 어디에 어떻게 활용할지는 매일 글 쓰는 작가만이 가질 수 있는 선택의 재미다. 오늘도 사진 찍고 공유하고 보관한다. 글쓰기 가르치기 전에 나 먼저 삶을 쓰는 작가가 된다.

쓰면 달라진다

2-6.

일상이 글감이다

서유정

"둘째가 첫째보다 힘들어?"

"그냥 둘이니까 힘들어."

"아니야, 우리 나이 들어서 그래."

오랜만에 만난 친구들인가 봅니다. 카페에 혼자 앉아 있었습니다. 옆자리에서 들려오는 이야기에 귀를 기울였습니다. 입꼬리가 올라갑니다. 나도 모르게 피식 웃음이 났지요. 저도 나이 먹고 육아하는 엄마라 격한 공감이 되었지요. 글감입니다. 바로 핸드폰 메모장을 열었습니다. 들은 그대로 받아 적었지요. 머리를 믿지 말고 메모를 믿어야 하니까요. 주의를 기울이면 글감이 보입니다. 주변에 들리는 사람들의 대화, 사람들의 표정, 행동을 유심히 봅니다. 처음에 글감 찾기는 쉽지 않습니다. 무엇을 쓰면 좋을지 모르겠고, 하나의 주제를 떠올리고 적어 보려 하면 다른 주제가 나은 것 같고, 시간은 가고. 그런데 촉을 세우고 찾아야겠다작정하면 무수히 발견할 수 있는 것도 글감입니다. 요가해야지! 결심하고 요가원을 찾아보면 요가원이 우리 동네에 이렇게 많은지 새삼 알게 되는 것처럼요. 관심을 가지면 그때서야 우리 눈에 보이기 시작합니다.

마음이 급해 약속 시간에 늦을까 자주 뛰어다니곤 합니다. 예전 같지 않습니다. 나름 체대 출신이고 달리기 하나는 자신 있었는데 말이죠. 뛰는데 속도가 전혀 나지 않습니다. '나이 들어 그런가?', '출산해서 그런가?', '살쪄서 그런가?' 의미 없는 질문들만 머리에 맴돕니다. 어느 날 알게 되었습니다. 웬일인지 오늘은 뛰는 속도가 좀 나는 것 같습니다. 이게 달리는 느낌인데. 그동안 왜 이렇게 속도가 나지 않았을까? 생각해 보니 온 힘을 다해 제대로 달려 본 적이 없었습니다. 뛰는 시늉만 하고 있었던 거지요. 진짜 달리고 있지는 않았던 겁니다. 달리는 모습이 지금 내 삶과 닮아 있습니다. 새벽마다 일어나 명상합니다. 글을 씁니다. 요즘은 명상 방석에는 앉아 있지만 백 프로 집중하지 못할 때가 많습니다. 글을 쓰는 동안 핸드폰을 뒤적이며 시간을 흘려 보내고 있을 때가 많습니다. 대충 달리는 내 모습과 닮아 있습니다. 내가 하는 생각, 행동을 관찰하면 글감이 될 수 있습니다. 마음에는 칸막이가 없듯, 생각, 행동이 삶의 모든 순간 닮아 있습니다.

일기 속에 글감이 있습니다. 하루를 돌이켜 보며 일기를 씁니다. 아침에 일어나 잠들기 전까지 있었던 일들을 적습니다. 내

기분도 있는 그대로 적어 봅니다. 이렇게 적다 보면 하루에도 글감이 쏟아지고 있다는 것을 알게 됩니다. 매일 쓰고 쌓아 가는 일기에는 언제든 찾아보면 쓸거리들이 숨어 있습니다.

　　얼마 전 아빠의 두 번째 기일이었습니다. 가족들이 친정에 모였어요. 이제 태어난 지 백일 된 조카도 온다고 합니다. 친정에서 제사 음식을 하며 조카를 기다리고 있었습니다. 현관에서 비밀번호를 누르는 소리가 들리자마자 다듬고 있던 나물을 내려놓고 빠르게 달려 나갔지요. 초록색 카디건에 꽃무늬 치마를 입은 조그마한 아기가 오빠 품에 안겨 있습니다. 손을 뻗어 조카를 내 품에 안았습니다. 분유 먹는 시간이 되어 아기가 울음을 터뜨렸습니다. 주방으로 재빨리 달려가 분유를 탔습니다. 소파에 앉아 아기를 안고 눈을 맞추며 분유를 먹였지요. 제사 준비하다 말고 방에 누워 있는 아기가 궁금해 또 뛰어가 봅니다. 함께 옹알이를 따라 하고 까꿍 놀이도 합니다. 조카는 아직 잘 모릅니다. 그래도 한 번이라도 더 얼굴을 보고 싶습니다. 안아 보고 싶습니다. 한 번이라도 더 웃게 하고 싶습니다. 조카를 보고 있으니 어린 아들과 함께했던 시간이 그립습니다. 그때는 하나라도 내가 덜 하고 싶고, 안 하고 싶었는데 말이죠. 힘들었습니다. 시간이 빨리 지나가기만을 기다렸습니다. 빨리 커서 손이 덜 가는 시간이 오길 바랐습니다. 다시 돌아간다면 잘해 줄 수 있을 것 같습니다. 이런 생각을 하며 아들과 지금 못 놀아 주고 있습니다. 지금에 소중함을 놓치지 않아야겠습니다. 지금 눈앞에 있는 아이에게 최선을 다하자고 다짐합니다.

일기를 쓰며 어제 있었던 일 중 하나의 장면을 포착합니다. 포착된 순간을 글로 옮겨 봅니다. 글감이 됩니다.

동네 물놀이터에서 하루를 보냈습니다. 아이가 즐겁게 낯선 친구들을 사귀고 잘 놀았습니다. 그 모습을 일기에 담았고 그 순간을 포착해 돌아보는 시간을 가졌습니다. 도하의 다섯 살. 유치원에 입학하게 되었습니다. 유치원이 없어도 고민이겠지만, 우리 동네는 유치원이 너무 많습니다. 선택 장애가 왔습니다. 친구들은 모두 가까운 유치원으로 간다고 합니다. 조금 멀어도 아이에게 좋은 환경을 만들어 주고 싶었습니다. 아직은 뛰어놀 나이. 신나게 뛰어놀 수 있으면 좋겠습니다. 다행히 생각하는 육아 철학과 뜻이 맞는 기관이 있었습니다. 아이의 성향과도 잘 맞을 것 같았지요. 집에서 조금 멀지만, 아이들이 뛰어놀 수 있는 넓은 공간, 자연이 주는 혜택을 온전히 받을 수 있는 곳이었습니다. 유치원 생활, 선생님 모든 것이 만족스러웠습니다. 여섯 살 봄. 예상치 못한 문제가 생겼습니다. 코로나도 조금은 잠잠해지고, 놀이터에 나와 노는 아이들이 많아졌습니다. 하원 후 놀이터에 가면 같은 유치원에 다니는 아이들끼리 무리 지어 놀았습니다. 도하가 끼어들 틈이 없었습니다. 그러던 중 어린이집에 함께 다녔던 친구 두 명과 놀이터에서 만나기로 약속을 했습니다. 오랜만에 기대하며 친구들을 만나러 나갔습니다. 친구 둘은 같은 유치원에 다녀서인지 둘만의 끈끈함이 있어 보였습니다. 도하가 친구들에게 같이 놀자고 말해도 친구들은 싫다고 합니다. 속상한 마음에 벤치에 앉아 있는 제게 뛰어와 이야기합니다. 주섬주섬 가방에 있던 젤리를 꺼냈습니다. 아이 손에 쥐여 주면서 친구들에게 같이 놀 자고 이야기해 보라 했습니다. 이번에도 거절인가 봅니다. 몇 번 거절당하자 아이는 혼자 시소에 앉았습니다. 눈물 흘리며 괴성을 지릅니다. 속상한 마음을 주체할 수 없었나 봅니다. 얼굴이 벌겋 게 달아올라 있었습니다. 엄마인 저도 처음 보는 모습입니다. 아 이들 놀이에 개입하고 싶지 않았지만, 한번은 엄마로서 나서 줘 야 할 것 같았습니다. 도하의 손을 잡아 시소에서 일으켰습니다. 엄마랑 함께 이야기해 보자고요. 다가가 친구들의 이름을 부르면 서, "도하랑 함께 놀자." 지금은 둘만 놀고 싶다고 합니다. 친구들 의 마음도 중요하니 더 이야기할 수 없습니다. 내 눈에도 눈물이 고입니다. 아이에 손을 붙잡고 돌아서서 무작정 앞만 보고 걸었 습니다. 다 내 탓 같았습니다. 가까운 유치원에 보냈으면 겪지 않 아도 될 일 같았습니다.

"도하야, 미안해. 엄마가 도하 유치원을 너무 멀리 보내서 도 하가 동네 친구가 없어서…"

함께 안고 울었습니다. 거절당하는 기분을 벌써 알게 했다는 것이 미안했어요. 그렇게 두 번의 계절이 지나가고 있습니다. 도 하는 여전히 먼 숲 유치원에 다니고 있습니다. 같은 유치원에 다 니는 동네 친구는 없지만, 덕분에 낯선 친구들에게 스스럼없이 다가갑니다. 아이들끼리의 인사가 있습니다.

"너 몇 살이야?"

묻고, 친구가 되어 어느새 뛰어다니며 깔깔거리며 장난치고 놉니다. 세상에 잃기만 하는 일은 없습니다. 상황은 달라지지 않앞지만, 아이는 새로운 배움, 힘을 키워 나가고 있었습니다. 난관은 우리를 새로운 목적지로 안내합니다. 나에게만 주어지는 특별한 과제를 해결하며, 오늘도 우리는 각자만의 특별한 길로 걸어가고 있지요. 도하는 오늘도 말합니다.

"엄마, 내가 친구 사귀고 올게."

일상을 적어 보면 소중하지 않은 순간이 없는 것 같습니다. 글감이 아닌 순간이 없습니다. 하나의 순간을 포착해 적다 보면 삶이 건네주는 메시지도 찾을 수 있습니다.

2-7.

일상에 촉을 세운다

송주하

블로그를 운영하고 있습니다. 루틴과 간단한 독서 감상을 매일 올립니다. 벌써 900일이 다 되어 갑니다. 얼마 전, 글쓰기 스승님이 수업 시간에 "하나의 일을 6개월 동안 하루도 빠짐없이 하면 삶이 변할 수 있다."라고 말했습니다. 진짜인지 시험해 보고 싶었습니다. 쓰는 연습도 할 겸, 글쓰기를 매일 올려 보기로 했습니다. '매일 쓰기'라는 카테고리를 만들고, 일기 형식으로 1일 차부터 시작했습니다.

와, 이게 생각보다 만만치가 않습니다. 스승님은 매일 한 편에서 두 편의 글을 올립니다. 그래서 쉬운 줄 알았습니다. 아니, 쉽다기보다, 할 만하다고 생각하고 도전했습니다. 역시 사람은 상대방의 입장이 된 후에야 그 사람의 노고를 아는 법입니다. 직접 해 보니까 쉽지 않습니다. 우선 주제를 정해야 합니다. 글감이라고도 하지요. 글감에 맞는 메시지도 연결해야 하고요, 거기에 맞는 경험도 소환해야 합니다. 어느 정도 구상이 그려지면, 글 내용에 맞는 간단한 포스터도 만들어야 합니다. 글만 쓰면 독자가 보기 불편하니까 말입니다. 글에 맞는 사진이나 그림은 글을 읽는 데 재미를 더합니다. 이것만 해도 시간이 훌쩍 지납니다.

어느 정도 밑그림이 그려지면 실제로 블로그를 열어 글을 씁니다. 쓰고 싶은 내용이 있으면 조금 수월하게 쓸 수 있습니다. 하지만 매일 글감이 넘쳐나는 게 아니라는 데 문제가 있습니다. 어떤 날은, 세 줄 쓰는 것도 힘들 때가 있습니다. 그래서 만만치 않은 일이라 여기고 있습니다. 하지만 스스로 6개월 동안, 하루도 빠짐없이 하겠다고 약속했으니까 지켜야지요. 자정이 되기 10분 전이나 5분 전에 다 쓴 적도 많습니다. 매일 '마감'입니다. 특히 일정이 바쁜 날은 마음이 급해질 수밖에 없습니다. 매일 쓰기를 괜히 시작했나 싶기도 합니다. 왜 사서 고생하냐 싶은 거지요. '시작했으면 무슨 일이 있어도 끝까지 한다.' 글쓰기 스승님께 세뇌당하듯 들은 이야기입니다. 세뇌가 확실히 되었는지, 저도 그 말을 지키려고 합니다. 다행히(?) 아직은 빠진 적이 없습니다. 오늘도 뭘 써야 하나 고민이긴 합니다.

일상 속에서 글감 찾는 법, 제 경험을 몇 가지 적어 볼까 합니다.
일요일, 집 앞에 산책을 다녀왔습니다. 돌아오는 길에 보니까 트럭이 있었습니다. 참외를 팔고 있더군요. 참외를 좋아합니다. 주머니를 뒤적거려 보니 딱 만 원이 있습니다. 한 봉지에 만 원. 이 정도면 사라는 계시입니다. 크기가 적당하고 샛노라니 맛있어 보입니다. 집에 와서 하나를 집어 물에 헹구고, 껍질을 깎았습니다. 한 입 베어 물었습니다. 와, 트럭에서 산 과일 중에 제일 맛있습니다. 참외 하나가 눈 깜짝할 사이에 없어집니다. 얼른 다른 참외 하나를 집어 헹굽니다. 하나만 먹으려고 했는데, 멈출 수가 없더군요. 어? 그런데 이번에 잡은 참외는 모양이 조금 이상합니다. 다른 참외를 살펴봤더니, 모양이 괜찮습니다. 유독 하나만 모양이 찌그러져 있습니다. 뒤쪽을 자세히 살펴봤더니 꼭지 부분 근처에 조그만 상처가 하나 있습니다. 아마도 다른 부분은 정상적으로 자라는데, 상처가 있는 부분은 성장이 안 되다 보니, 전체적인 모양이 이상해진 모양입니다.

앗! 글감이다! 그런 생각이 듭니다. 오늘 글감을 무엇으로 할까 고민하고 있었거든요. 키워드가 몇 가지 떠오릅니다. 작은 상처. 방치. 변형. 돌이킬 수 없음. 대충 이런 것들입니다. 빠르게 컴퓨터 앞에 앉았습니다. 음악 하는 사람들이 악상이 떠오르면 그 자리에 앉아서 녹음하는 것처럼 말이지요. 연습장에 대충 메모부터 합니다. 산책했던 이야기, 참외 샀던 일, 모양이 이상한 참외를 발견한 일등 경험을 쭉 씁니다. 맨 마지막에 메시지를 생각합니다. '작은 상처를 제대로 돌보지 않으면, 나중에 인생도 크게 틀어질 수 있습니다.' 자화자찬이겠지만, 참외에서 뽑아낸 메시지치고는 제법 마음에 듭니다. 아마도 매일 글 써야 한다는 의무감이 있으니까 가능했다고 봅니다.

이런 적도 있습니다. 아들이 갑자기 다급한 목소리로 부릅니다. 코피가 났다고요. 소리가 나는 화장실로 가 보니, 이미 바닥이나 변기가 피범벅입니다. 아침에 일어나 잠결에 코를 후빈 모양입니다. 아들은 저를 닮아 코에 혈관이 약합니다. 남편은 살면서 한 번도 코피가 난 적이 없다는데, 저는 자주 코피가 나거든요. 별 걸 다 닮았다 싶었습니다. 지혈부터 하고 피 묻은 바닥과 변기를 닦습니다. 남편이 대충 지혈해 놓은 휴지가 피로 흥건해집니다. 새로 휴지를 말아서 대고 있었는데, 얼마 가지 않아서 다시 피로 젖습니다. 제가 자세히 보니까, 휴지가 너무 큽니다. 코피를 한 번도 흘려 본 적 없는 남편이니 당연합니다.

제가 나설 차례더군요. 휴지를 한 장 뗍니다. 그러고는 결대로 반으로 자릅니다. 반은 버리고 반만 씁니다. 둘둘 말아서 형태를 잡아 줍니다. 끝난 게 아닙니다. 한쪽을 손으로 살짝 뭉개 주어야 합니다. 이 부분이 코안으로 들어가는 부분입니다. 이렇게 해 주면 코도 안 아프고, 들뜨는 부분 없이 제대로 안착합니다. 피로 흥건한 휴지는 버리고, 제가 만든 휴지를 코에 끼웁니다. 거짓말처럼 지혈이 됩니다.

앗! 또 글감이다! 또 몇 가지 키워드가 떠오릅니다. 아들, 코피, 지혈, 휴지 그리고 경험. 바로 컴퓨터 앞에 앉았습니다. 메모지에 또 끄적입니다. 그리고 바로 블로그에 글을 씁니다. 아침에 있었던 일을 쓰고 '어떤 경험이든 사는 데 도움이 된다.'라고 마무리합니다. 오, 오늘 글도 꽤 마음에 듭니다.

쓰면 달라진다

필통을 정리하면서도 글감이 떠오릅니다. 책을 읽다가 빨간색 볼펜이 필요해서 필통을 뒤적거립니다. 근데 필통이 너무 뚱뚱합니다. 가만히 보니, 같은 색 볼펜도 많고 비슷한 색의 색연필도 많습니다. 독서하기 전에 이것부터 정리하자는 생각이 듭니다. 검은색 볼펜은 네 개나 됩니다. 초록색 색연필도 두 개, 샤프가 고장 날 것을 대비해 넣어 둔 여분의 샤프도 있습니다. 모조리 뺍니다. 꼭 필요한 것만 두고 싹 정리하니, 어느새 필통이 날씬해졌습니다. 이렇게 필요 없는 걸 많이 갖고 살았던 겁니다.

이거다 싶었습니다. 메모지에 빠르게 몇 개의 키워드를 적습니다. 독서, 필통, 복잡, 정리, 비우면서 살자. 메모를 보면서 글을 씁니다. 경험 위주의 글이다 보니 막힘이 없습니다. 메모도 해 두었으니 헤맬 일이 없습니다. 독서하다가 볼펜을 찾던 일, 필요 없는 물건이 가득한 필통을 구체적으로 씁니다. 무엇을 덜어 냈는지도요. 마지막으로 메시지를 만듭니다. '인생을 살다 보면, 우리는 필요 없는 물건을 너무 많이 이고 지며 살아간다. 가끔은 정리가 필요하다.' 이런 식으로 말이지요.

매일 쓰기, 아마도 그 강제성이 글감을 찾게 만들지 않았나 싶습니다. 예전 같았으면 그냥 보고 넘겼을 상처 입은 참외, 아들의 코피, 필통입니다. 메시지를 찾아야겠다고 신경 써서 보니까, 거짓말처럼 키워드들이 떠오릅니다. 거기에 맞는 메시지까지도 연결됩니다.

글쓰기는 절대적인 양이 늘어나면, 질적으로도 나아진다고 했습니다. 매일 꾸준히 글 쓰다 보면, 나중에는 지금보다 단단해진 문장이 나오지 않을까 기대하고 있습니다. 매일 하고 꾸준히 하면, 무슨 일이든 최고가 될 수 있다고 말이지요. 우리가 해야 할 일은, 일단 시작했으면 멈추지 않는 일입니다. 스트레스가 되기도 하고, 왜 시작했나 후회가 되는 날도 있을 겁니다. 그래도 저는 매일 씁니다. 저는 글 쓰는 작가니까요.

쓰면 달라진다

2-8.

생각을 모으는 사람

(송진설)

글을 어떻게 써야 하나요? 시작하기조차 어렵다는 질문을 자주 듣는다. 나도 그랬다. 무엇을 써야 할지 몰랐다. 나의 이야기를 쓰면 된다고 하지만 감이 오지 않았다. 한참을 화면만 바라보며 멍하니 있었다. 지난날을 떠올려 보지만 기억은 흐릿하다. 나의 과거를 상자 속에 담아서 열쇠로 채운 채로 한 번도 열지 않은 것처럼 쉽게 떠오르지 않았다. 나의 과거인데 나 자신조차 명확하게 떠올릴 수 없다는 사실에 놀라지 않을 수 없었다. 책 쓰기를 하기 전에는 미처 알지 못했다. 흐릿한 기억을 안고 살아가고 있다는 것을. 평소에 기록을 잘해 둘 걸 하는 후회가 밀려든다. 더 이상 낙담만 하고 있을 순 없기에 늦게나마 메모 쓰기를 하고 있다. 정리되지 않고 불쑥 떠오르는 생각도 종이 위에 남긴다.

처음 메모 쓰기를 할 때 여러 개의 수첩을 사용했다. 나의 일상을 적는 수첩, 아이들의 학업 관련 수첩, 영화 속 명언을 적는 수첩, 독서 관련 수첩 등 분야를 나누어서 기록했다. 나누어 쓰면 글감으로 활용하기에 수월하리라 여겨졌다. 생각은 시시때때로 떠오른다. 체계적으로 하나씩 순차적으로 올라오지 않는다. 영화 생각을 하고 있다가 갑자기 아이들의 진로 관련 생각이 떠오르고, 그러다 독서로 생각이 흘러간다. 어디로 튈지 모르는 생각을 낚아채서 기록해 두는 일은 쉽지 않았다. 지금은 하나의 메모 노트를 쓰고 있다.

　글감을 찾기 위해서는 나의 생각을 모아야 한다. 《생각을 모으는 사람》이란 그림책을 읽어 보면 좋겠다. 생각을 모으는 것의 가치를 알게 한다. 부루퉁 아저씨는 도시의 모퉁이나 골목을 돌아다니며 모은 생각을 분류해서 정리한 후 화단에 하나씩 심는다. 다음날, 이슬이 내린 화단에 세상에서 가장 특별한 꽃들이 반짝인다. 꽃으로 피어난 생각들은 아주 작은 알갱이가 되어 바람에 실려 날아간다. 집집마다 들어가 꿈을 꾸고 있는 사람들의 이마에 내려앉아 새로운 생각으로 자란다. 상상의 나래를 펼치는 그림책 속 이야기이지만 생각의 의미와 가치가 잘 표현되어 있다.

　나의 글을 쓰기 위해서는 생각을 모으고, 분류하고, 새로운 이야기로 태어날 수 있도록 해야 한다.
　글감은 모아 둔 생각에서 찾을 수 있다. 좋은 생각, 나쁜 생각, 슬픈 생각 등. 수많은 생각들을 잡아채야 한다. 그 과정에서 부루

퉁 아저씨처럼 생각들이 다치지 않도록 조심스럽게 다뤄야 한다. 자신이 한 생각이 옳지 않다거나 슬기로운 생각이 아니라고 비난해서는 안 된다. 모든 생각에 마음을 열고 받아들이자.

생각들은 예민하다. 나의 생각이 한 글자 한 글자 모습을 드러낼 때 꽃으로 피어나는 순간이라 여겨진다. 온전히 사람들의 마음에 가 닿을 수 있는 시간이 된다.

생각을 모으기 위해 세 가지 방법을 제안한다.

첫 번째, 관찰한다.

글 쓰는 사람은 관찰을 잘해야 한다. 나는 호기심이 많은 사람이 아니었다. 무언가를 유심히 살펴보며 궁금해하는 편이 아니다. 이런 부분은 글을 쓰며 곤란한 상황을 만든다. 일상에서 겪은 이야기를 쓰며 주변 상황을 묘사해야 했다. 생각이 나지 않았다. 좀 더 실감 나는 글을 쓰기 위해서는 묘사가 중요하다. 어떤 공간에 있었는지. 무슨 상황이 벌어졌는지. 독자가 장면을 떠올릴 수 있다면 나의 이야기에 더욱 몰입할 수 있을 것이다.

두 번째 공저 《작은 이야기로 삶의 지혜를 얻다》와 세 번째 공저 《콘텐츠 크리에이티브》에는 그림책 관련 활동 이야기가 들어가 있다. 글을 쓸 때 과거로 돌아가 그때 상황을 떠올렸다. 어느 공간에서 읽어 주었는지, 주변에는 무엇이 있었는지, 그날의 날씨와 분위기는 어떠했는지. 구체적으로 떠올리려고 노력했다. 그림책을 읽어 주는 나는 어떤 표정을 지었고, 아이들의 반응은 어떠했는지. 타임 캡슐을 타고 과거로 돌아간 듯 기억해 내고 싶었다. 내 글 속에 그 모든 것을 담아내고자 애썼다. 두루뭉술하게 떠오르는 지난날이 아쉬움으로 다가왔다. 지난 과거이기에 기억이 옅어진 것도 있지만 그 시절 나는 주변을 세심하게 관찰하는 사람이 아니었다. 글 쓰는 사람에게 주의 깊게 들여다보는 습관이 꼭 필요하다는 것을 실감했다. 관찰하며 구체적인 모습의 생각들을 모아야 한다.

두 번째, 검색한다.

궁금한 것이 있다면 찾아보게 된다. 책을 검색해 보기도 하고, 인터넷 자료를 뒤져 보기도 한다. 한 가지를 파고드는 것이 중요하다. 글을 쓰며 얕은 배경지식에 답답했던 적이 한두 번이 아니다. 좀 더 깊이 있는 지식이 필요하다. 꼬리에 꼬리를 물고 질문하고 답을 찾으며 확장해야 한다.

그림책 관련 글을 쓸 때도 마찬가지였다. 시작은 주제 키워드 하나였다. 먼저 관련된 그림책 한 권을 찾는다. 찾은 그림책의 글과 그림을 보며 꼼꼼하게 읽는다. 내용을 정리해 본다. 작가의 가치관도 살펴본다. 작가의 다른 그림책도 검색해 본다. 같은 주제를 가지고 있는 다른 작가의 그림책도 찾아본다.

시작은 한 권이다. 검색하며 확장한다. 뿌리가 뻗어 나가듯이 관련 정보들이 줄줄이 이어진다. 맥락 없이 마구잡이가 아니다. 하나의 주제에서 비롯된 관련 그림책들이다. 낱개로 흩어져 있는 생각들을 한 묶음으로 모을 수 있다.

쓰면 달라진다

세 번째, 이야기를 듣는다.

열심히 들어야 한다. 이런저런 평가를 해서는 안 된다. 옳고 그름을 판단하기보다는 그냥 들어 줘야 한다. 아이와의 대화를 떠올려 보라. 나의 경우를 이야기한다면. 학교를 마치고 돌아온 아이의 표정이 좋지 않았다. 분명 언짢은 일이 있는 듯하다. 궁금한 마음에 다그치듯 물어보아서는 안 된다. 조금 기다리다 보면 아이는 슬그머니 말꼬를 튼다. 가만히 들어 준다. 아이의 말 틈새로 들어가 하고 싶은 말이 있다 하더라도 하지 않는다. 아이의 생각을 끝까지 들어야 한다. 이야기가 끝날 때쯤 되면 알게 된다. 아이의 본래 마음을 자연스럽게 듣게 된다. 아이의 목소리를 통해 마음 깊은 곳의 이야기를 듣는 것이 중요하다. 조바심 내지 않고 기다린다면 이야기를 들을 수 있다. 한 번 마음을 터놓고 이야기하고 나면 아이는 다음에 또 마음을 표현한다. 그럴 때마다 인내하며 들어 준다. 아이와 대화가 잘 되고자 하는 마음이 글을 잘 쓰고자 하는 마음과 같은 듯하다.

다른 사람과의 관계에서도 마찬가지다. 나에게 고민을 털어놓는 이들이 있다. 해결해 주기를 바라는 마음으로 나에게 말하는 것이 아니라는 것을 안다. 마음속 답답함이 조금이나마 풀어지도록 가만히 들어 준다. 이들의 고민이 나의 고민일 때도 많다. 이야기를 다 들어 주고 난 후 혼자 있게 되면 나의 고민들이 떠오른다. 그 순간을 놓치지 않는다. 메모 노트를 꺼내 적어 본다. 나의 생각들을 하나하나 풀어쓴다. 그 안에서 메시지를 찾는다. 기다리고 들어 주고. 나라면 어떨지 생각해 본다. 글로 적어 보며 생각을 정리한다. 이야기를 들어 주며 글감을 찾을 수 있다.

　글 쓰는 사람이 되기 위해서는 생각을 모으는 사람이 되어야 한다. 생동감 있는 글을 쓰기 위해 묘사는 필수적이다. 평소에 관찰하는 습관을 들여야 한다. 하나의 생각에서 멈추지 않고 끊임없이 뻗어 나가며 생각을 모아야 한다. 좋은 생각, 슬픈 생각, 쓸쓸한 생각 등 어떤 생각이든 나의 생각 주머니에 가득해야 한다. 모으고 분류한 후 이야기로 탄생하기 위해 다시 구성해야 한다. 또한 주제와 연관된 정보들을 끊임없이 검색해 보아야 한다. 한 가지에서 여러 가지로 확장해 나가야 한다. 이야기를 들어 주는 것도 중요하다. 가만히 들어 주어야 상대는 편안하게 이야기를 풀어낸다. 그 속에 메시지가 들어 있다.

　관찰하고 검색하며 가만히 들어 주기를 통해 생각을 모은다면 글쓰기의 글감은 무한하지 않을까. 나부터 글감 찾기 어렵다고 하지 말고 생각 모으는 사람 되어야겠다.

쓰면 달라진다

2-9.

글감은 내 우주 안에 열려 있다

안지영

"매일 똑같아서 쓸 게 없어요."

아이들은 일기 쓰기 숙제를 싫어한다. 쓸 소재가 특별하지 않다는 이유다. 학교생활, 학원 스케줄, 숙제, 취침이 반복되기 때문이다. 그나마 토요일엔 쓸 게 있다고 한다.

'일곱 시에 일어나서 아침 먹고 세수하고 친구를 만나 놀이터에 갔다.'

'매운 떡볶이를 먹었다, 딸기 아이스크림을 먹었다.'

'저녁 먹기 전에 집에 왔다.'

일기가 아닌 일과표였다. 일주일 후 다시 써 온 토요일 일기는 지난 일기를 찍어 낸 듯했다. 기가 막혔다. 어떻게 지난주의 나와 오늘의 나의 감정이 같을 수 있을까? 날씨에 따라 기분이 달라지고 지난주에 잘 불렀던 노래가 이번 주엔 엉망이 될 수도 있을 텐데 말이다.

글감은 어디에서, 어떻게 찾아야 하는 걸까?

나는 글감을 찾지 않는다. 일상에서 뽑는다. 살기 위해 숨쉬기를 멈추지 않는 것처럼 생각을 멈추지 않는다. 가끔 멍때리는 시간을 제외하고 잡생각이든 우스운 생각이든 끊이지 않는다. 글감을 뽑기 위해서 생각을 멈추지 않는다. 보는 것마다 생각하며 본다. 거꾸로 보기도 한다. 가까이 다가가 보기도 한다.

우리 부부는 주말부부로 지낸 세월이 오래되었다. 애틋했던 마음이 자유를 만끽하는 각자의 삶으로 나뉜 지 오래다. 한때는 토요일마다 공원에 나가거나 뒷산을 오르기도 했었다. 함께 차를 마시며 장보기도 같이 했었다. 아이들이 커 가면서 함께하는 시간이 줄었다. 대화가 짧아지고 아끼는 마음도 전하지 못했다. 아차 싶었다. 남편이 자다가도 벌떡 일어나는 오징어를 손질한다. 그동안 챙기지 못한 미안함으로 밥상을 차린다.

역시나 남편 얼굴이 환해지고 대화가 부드러워진다. 오징어가 오늘의 글감이 된다.

글감 찾기는 보물찾기와 비슷하다. 지난 크리스마스 날 눈이 소복하게 내렸다. 아직 어두운 이른 아침부터 시끌벅적했다. 창을 내다보니 털모자, 장갑으로 무장한 아이, 어른, 심지어 애완견까지 총출동이었다. 크리스마스 보물 찾기 행사에 참여하기 위해 추운 날씨에 아침 일찍 나온 것이다. 하나라도 찾아 주고 싶은 마음에, 졸린 눈을 비비며 나갔다. 십 분이 지나고 이십 분이 지나

쓰면 달라진다

도 찾지 못했다. 오기가 생겼다. 예상치 못한 곳에서 "찾았다!" 소리가 나왔다. 여기저기 냄새 맡는 강아지를 끌고 나온 아이가 부러웠다. 결국 한 시간 동안 코끝에 고드름만 달고 허탕 쳤다. 그냥 보면 보물을 절대 찾을 수 없다. 세심하게 구석구석 찾아야 한다. 다른 각도로 보며 찾아야 한다.

보물과 같은 글감 찾는 세 가지 방법을 소개해 본다.

첫째, 숨은 그림 찾기? 숨어 있는 글감 찾기!

커피를 좋아한다. 매일 마시는 즐거움으로 산다. 단골 카페에 가면 미세한 차이를 찾아낼 정도다. 같은 사람이 내려도 크레마나 라테의 거품, 하트 모양이 다르기에 마실 때마다 사진으로 남긴다.

며칠 전 할머니 바리스타가 운영하는 작은 카페에 갔다. 집 근처에도 같은 카페가 있는데 맛있어서 이곳도 비슷하리라 기대하며 들어갔다. 카드 결제부터 불안했다. 리더기에 읽히는 동작이 서툴렀다. 커피를 받기 위해 서 있었다. 거품기에 우유가 돌아가는 것부터 불안했다. 우유 거품을 커피 위에 확 붓는 순간 잔에 있던 커피까지 밖으로 넘쳤다. 라테라고 짐작할 수 없는 상태였다. 다시 만들어 준다고 했지만 괜찮다며 받았다. 그냥 커피 우유였다. 겉모습만 대충 비슷하게 만든 것을 보고 '대충 라테'란 제목을 지어 줬다. 라테지만 라테 같지 않아 자꾸 웃음이 났다.

그러고 보니 주변에 대부분이 '대충'이다. 청소기는 돌리지만 제대로 된 청소가 아니다. 오래전에 '그까짓 거 대충 돌리면 되는 거!'라는 유행어가 생각났다. 하기 싫은데 억지로 하는 것, 초보라 아직 흉내만 낼 수 있는 것. 내가 만약 글을 안 썼다면 엉망이 된 라테를 보고 입을 삐죽거렸을 것이다. 관심 있게 보다 보니 이해하며 글감도 얻고 웃을 수 있는 게 아닐까.

둘째, 내 안의 촉을 세워라.

늦은 시간까지 일한 후 불 꺼진 집에 들어서는 순간 어떤 감정을 느끼는가. 다른 집의 밝은 조명과 대비된 어둠 속에서 온기 없는 집안의 적막과 혼자 있었을 아이가 걱정되었을 것이다. 집에 들어와 쉴 수 있는 '평안'을 느끼며 안도의 한숨도 쉬었을 것이다. 캄캄한 어둠을 느끼지 않고 재빨리 등을 켰다면 어둠이 주는 소중함을 느끼지 못했을 것이다. 일과를 마치고 침실로 들어가기 전, 불 꺼진 집안을 천천히 보고 들어간다. 집도 쉬길 바라는 마음이다.

길가에 핀 이름 없는 꽃이 내 발길을 잡았다. 꽃 앞에 쪼그려 앉아 바라본다. 이리 보고 저리 보고 꽃잎의 작은 갈림까지 세어 본다. 누군가가 보든 말든 자신의 존재를 알리는 들꽃이 부럽다. 만들어진 아름다움이 아닌 자신의 소신대로 살아가는 꿋꿋함이 간절한 시간이다.

우리에게는 수많은 감정이 있다. 대부분 크게 느껴지는 분노와 기쁨에만 집중한다. 권태로움, 얼떨떨함, 거슬리는, 날아갈 것 같은 등의 다양한 감정들이 우리 안에 있지만 우리 삶에 대입하지 못한다. 모든 감정의 크기가 비슷하다는 것을 기억해야 잘 안 쓰는 감정도 느낄 수 있다. 익숙하지 않은 감정부터 꺼내는 연습을 하자. 나에게 있는 모든 촉을 세우면 찾을 수 있다.

셋째, 관점을 바꾼다.

컴퓨터 수리 기사의 잘못으로 10년 치 만든 자료를 날렸을 때, 바위가 내 위로 떨어졌다. 꿈이길 바라며 머리를 흔들었다. 며칠 전 한 말이 씨가 되었나 싶었다. 획기적인 교재를 만들고 싶었다. 이번 기회가 전환점이 될 수 있다고 나 자신을 위로했었는데…. 지금 잘살고 있다. 이가 없으면 잇몸으로 살게 되나 보다. 새로운 교재를 신속하고 정확하게 만들고 있다. 안전하게 저장하기도 확인한다.

이런 예기치 못한 상황이 생겼을 때 당황하지 말자. 남들에게 없는 글감을 찾아 기쁘다고 생각하자. 그러면 상황이 바뀐다. 화내고 멱살을 잡는다고 날아간 자료가 돌아오지 않는다.

오늘도 내 마음속, 우주 안에서 글감을 찾았다. 우리가 품고 있는 마음은 밴댕이 속같이 좁을 수도 있고, 우주처럼 끝이 없기도 하다. 각자의 생각과 마음결도 다르기에 품고 있는 글감의 수가 우주만큼 많을 것이다. 기대되지 않는가? 내 안에 열려 있는 수많은 글감으로 그 이상의 글을 쓸 수 있다는 사실이 부자가 된 듯하다. 어떤 글감을 만날지 벌써 기대되기 시작한다.

2-10.

글감은 찾는 게 아니라 보는 것

원효정

"뭘 써야 할지 모르겠어요."

한글 파일을 열거나 블로그에 접속해서도 무엇에 대해 쓸 것인지 고민하다가 한 글자도 쓰지 못하고 다시 창을 닫기 일쑤죠. 도대체 글감을 어디에서 찾아야 할지 고민이라며 개별적으로 질문하는 사람이 많았습니다. 이는 글감을 찾으려고 하기 때문에 보이지 않는 겁니다. 저마다 자신만의 경험을 품고 삽니다. 하루 24시간, 1년 365일 매일이 동일하게 흘러간 적은 단 한순간도 없지요. 사람의 삶은 1초 전과 1초 후가 다르기 때문입니다. 나에게 일어난 모든 순간이 다 글감이 됩니다. 글감은 곁에 있었으나 내가 제대로 보려고 하지 않았기 때문에 구태여 내 눈에 띄지 않던 겁니다.

박웅현 작가는 《여덟 단어》에서 "견"에 대해 다음과 같이 썼습니다.

– 정작 아무것도 보지 않고 있다는 생각입니다. 더 많이 보려고 할 뿐, 제대로 보려고 하지 않기 때문입니다. (중략) 진짜 견(見)을 하려면 시간을 가지고 봐 줘야 합니다. 그렇게 시간을 들여 천천히 바라보면 모든 것이 다 말을 걸고 있습니다.

나태주 시인은 그의 시 《풀꽃》에서 보는 것에 대해 다음처럼 표현했습니다.

– 자세히 보아야 예쁘다 / 오래 보아야 사랑스럽다 / 너도 그렇다.

글감은 찾는 게 아니라 보는 것입니다.

첫째, 독자를 봐야 합니다. 내 글을 읽을 독자가 누구인지, 독자가 듣고 싶은 말은 무엇인지, 내가 독자에게 하고 싶은 이야기는 어떤 것인지 깊게 들여다보아야 합니다.

20, 30대의 내가 보였습니다. 그 당시 나에게는 새벽 기상에 대해 알려 주는 이가 없었습니다. 책 한 장 읽으라고 조언해 주는 사람도 없었습니다. 돈을 모으라고 하는 사람은 있어도 어떻게 돈을 모아야 하는지, 왜 모아야 하는지 세세하게 알려 주는 지인

도 없었습니다. 지금과는 다르게 살고 싶었지만 방법을 알 수 없어 막막하고 답답하기만 했습니다. 2019년의 내가 알고 있는 것을 그때의 내가 알고 있었더라면 참 좋았겠다는 생각이 번뜩 들었습니다. "가계부 쓰지 마세요.", "자영업자가 예산 세우는 방법", "자영업자의 통장 나누기 노하우"등의 제목으로 글을 썼습니다. 글을 쓰기 시작한 내 눈에 보인 독자는 '20, 30대의 나'였던 것이죠. 예전의 내가 듣고 싶은 이야기가 모두 내게는 글감이었습니다.

둘째, 나에게 일어난 일상을 봐야 합니다. 하루가 모여 한 달이 되고, 1년이 쌓여 10년이 됩니다. 오늘 지금 나에게 일어난 모든 일상이 글감입니다. 내가 굳이 제대로 보려고 하지 않았기 때문에 보이지 않았던 겁니다. 박웅현 작가의 글처럼, 나태주 시인의 시처럼 내가 보려고 해야 보입니다. 글감은 어떤 특별한 순간이나 장소에서 찾아야 하는 것이 아니라 내 주변의 일상에서 내가 바라봐야 하기 때문입니다.

내 머리 위로 무심하게 흘러가는 구름도 글감이요, 매일 새벽을 깨우는 커피 한잔도 글감입니다. 같이 자다가 뒤꿈치로 하이 킥을 날리는 아이의 잠버릇도 글감이 되고, 덜렁대다 주문 잘못 받아 남편으로부터 잔소리를 듣는 것도 글감이 됩니다. 어떤 의미를 부여하느냐에 따라 누군가에게는 스쳐 지나가는 일이 나에게는 특별한 순간이 됩니다. 그 순간을 붙잡아 글을 쓰세요.

2019년 3월, 새벽 3시에 일어나기 시작했습니다. 그저 조용한 새벽, 집안 가득 커피 향으로 가득 찬 그 순간이 좋아졌습니다. 하루 11시간 장사하면서 기를 쓰고 새벽 3시에 일어난 것은 단순히 커피 한잔 때문이었습니다. 습관처럼 기계적으로 커피를 내리다 문득 그 커피 향이 좋아져 글을 썼습니다. 애써 내가 '커피'라는 글감을 찾으려 한 것이 아니었습니다. 스쳐 지나가는 커피 한잔과 새벽에 의미를 부여하고 그 순간을 붙잡아 "새벽 3시면 커피를 내리는 여자"라는 제목으로 글을 썼습니다.

감사 일기를 쓰기 시작했습니다. 매일이 똑같은 감사의 연속이었기에 감사 일기에 쓸 말이 없었습니다. 이는 당연하다고 생각했기 때문입니다. 나에게 주어진 것이 당연했기 때문에 감사할 일이 적었던 것이죠. 다시 바라보기 시작했습니다. 아이가 잘 자는 것조차도 감사했습니다. 아픈 곳 없이 밤에 잘 잔다는 것은 누군가가 그토록 바라는 일일 수 있더라고요. '다녀오겠습니다.'라는 인사가 가슴 벅차다는 사실도 새삼 깨우쳤습니다. 앞으로 1분 뒤, 나에게 무슨 일이 생길지는 아무도 모르는 일입니다. 아침에 집을 나서면서 아무 일 없이 다시 집으로 돌아올 수 있는 것은 일상의 작은 기적입니다. 다녀온다는 것은 당연한 게 아니라 감사한 일입니다. 순간을 당연하게 여기지 마세요. 나에게 주어진 모든 일상에 감사하게 됩니다. 순간에 의미를 부여하기 시작하면 나의 1분 1초 모두 다 글감이 됩니다. "내가 새벽 3시에 일어나는 이유"라는 글 한 편이 나오게 된 것 또한 나의 일상에 의미를 부여했기 때문입니다. 새벽 3시는 글감이 되었습니다.

　글감은 찾는 게 아니라 보는 겁니다. 독자와 일상, 두 가지만 자세히 챙겨 보아도 작가는 글감을 발견할 수 있습니다. 내가 글을 쓴다면 누가 읽어 주면 좋을지에 대해 고민해 보세요. 당연히 주어진 일상은 없다고 생각해 보세요. 순간에 의미를 더하면 내 삶의 순간은 그 자체로 글감이 됩니다. 글감은 자세히 때로는 제대로 내가 보는 것입니다.

쓰면 달라진다

2-11.

어제와 똑같은 오늘은 없다

⟨이현주⟩

"요즘 어떻게 지내?"

"그냥, 뭐 늘 비슷하지. 그럭저럭 지내고 있어."

누군가 내게 물으면 같은 대답을 했다. 어제 같은 오늘, 비슷한 하루. 일주일, 한 달, 일 년이 지나도 그저 그런 일상과 시간…… 무미건조한 삶이었다.

오랜만에 친구들 서넛이 모여 수다를 떨었다. 사는 얘기는 거기서 거기였다. 아이들, 집안일, 시댁 얘기, 직장, 친정 식구들, 사람들 관계…… 별거 아닌 이야기에도 크게 웃음을 터뜨리며 깔깔거렸다. 그러다 힘든 일, 고민에 대해 말문이 터지면 고개를 끄덕이며 공감했다. 서로를 위로하고 격려했다. 다른 곳에서, 다른 사람들, 다른 일을 하며 살고 있지만 우린 서로 비슷한 모습이었다. 내가 생각하는 내 일상은 별거 없었다. 그런데 친구들, 사람들과 이야기하다 보면 신기하게도 '별일'이 되었다.

미루고 미루던 책 쓰기 정규 과정. 한 시간 일찍 책상에 앉았다. 노트북을 켰다. 필기도구를 준비하고 줌(zoom)에 접속했다. 백명이 넘는 사람들이 화면에 가득했다. '이렇게 많은 사람이 책 쓰기에 관심이 있구나.' 놀라웠다. 두 시간 동안 어떤 내용을 듣게 될까. 뭘 배울까. 나도 강의를 들으면 정말 글을 쓸 수 있을까. 기대 반 걱정 반, 강의가 시작됐다. 강사의 말에 귀를 기울였다.

강사는 수강생 한 명을 호명했다. 그 수강생에게 오늘 뭘 했는지 묻기 시작했다. 질문을 받은 수강생은 오늘 있었던 일을 하나하나 이야기했다. 강사는 이야기를 들으며 단어를 적기 시작했다. 조금 더 구체적으로 설명해 달라고 했다. '사람 사는 거 다 비슷하네. 왜 이런 걸 묻는 거지.' 나도 강사의 질문에 오늘 어땠는지 생각했다. 뭘 했더라. 뒤죽박죽 기억이 안 났다. '오늘 한 일도 생각이 안 나다니.' 아침부터 차근차근 차례대로 떠올려 봤다. 언제 어디서 누구를 만나 무슨 이야기를 나누었는지. 끄적거리며 낙서하듯 단어를 적었다. 강사는 오늘 느낀 감정과 기분을 물었다. 감정? 기분? 의아했다. 누구나 한 번쯤은 경험했을 것 같은 일상, 그 이야기를 기본으로 한편의 글을 자연스럽게 써 내려 가고 있었다.

두 시간이 후딱 지나갔다. 어떻게 끝났는지도 모르겠다. 한동안 멍하게 앉아 있었다. '이게 뭐지?' 전혀 생각지도 못했다. 평범한 일상으로는 글을 쓸 수 없다고 생각했다. 특별한 일을 찾아 헤 맸다. 별다른 사건이 없어서, 감동적인 일도 전혀 없고. 그런데 평범한 일상이 모두 글감이 된다니. 옛 속담 틀린 말이 없었다. 등잔 밑이 어둡다고. 숨겨진 보물을 찾아 세상을 여행하다가 마침내 '자신의 보물'을 찾은 양치기 산티아고. 파울로 코엘료의 《연금술사》에 나오는 주인공 산티아고가 바로 '나'였다. 먼 길 돌고 돌아 이제야 제자리로 돌아온 기분. 와! 머릿속에 오색 빛의 폭죽이 터졌다. 강의에 대한 후기를 공개 채팅방에 남겼다. 하나하나 올라오는 글을 읽었다. 많은 사람이 나와 비슷한 느낌을 얘기했다. 이 열기라면 당장에 몇 편의 글을 술술 쓸 수 있을 것 같았다.

그때부터였다. 일상을 바라보는 나의 시선이 조금씩 달라졌다. 둘러보지 않던 주변의 작은 물건에 관심 두게 되었고, 만나는 사람의 이야기에도 더 집중하게 됐다. 운전 중 들리는 노랫소리에 귀를 기울여 듣게 되었고, 아이들과 나누는 대화에도 더 몰입했다. 전에는 유튜브 강의를 들으며 고개만 끄덕였다. 이제는 간단하게라도 메모했다. 눈에 보이는 것, 보이지 않는 것, 바람 소리, 꽃향기, 피부로 느껴지는 감촉에 집중했다. 세밀하게 관찰하는 연습을 했다. '왜', '언제', '무엇 때문에'라는 질문을 수시로 했다. 그렇다고 하루가 크게 달라진 것은 없다. 단지 일상을 대하는 나의 태도와 시선이 변했을 뿐이다. 하루하루는 비슷했지만, 똑같은 날은 없었다. 그것을 깨닫자 내게도 조금씩 글감이 쌓이고 있었다.

아침에 늦잠을 자 수업에 늦은 일은 책임을 생각하는 글이 되었다. 늦은 밤, 집중이 잘 되는 나의 습관은 '미라클 모닝'이 아닌 '미라클 나잇'을 만드는 글이 되었고. 오십이 되면서 보이는 희끗희끗한 머리는 부모님의 젊은 시절을 생각나게 했다. 말로 표현하기 쑥스러운 감사의 마음을 글에 담았다. 오랜만에 만들어 먹은 김밥은 어린 날의 운동회와 봄 소풍에 대한 추억을 떠올리는 글이 됐다. 끄적이며 적어 놓은 메모와 단어들, 핸드폰에 녹음한 오늘은 소소한 삶의 의미를 찾아내는 글감이 되었다.

평범하다 못해 지루한 일상을 보내고 있구나, 생각했다. 만나는 사람들, 하는 일이 매일 똑같다 보니 감사할 줄 몰랐다. 왜 그랬을까. 특별한 일에 대해서만 글을 써야 한다고 생각했다. 특별한 일이라야 사람들이 관심을 보일 거라 생각했다. 착각이었다. 결국, 인정받고 싶은 욕심이었다.

내가 책을 읽을 때 어느 부분에 밑줄을 긋는지 생각했다. 어디선가 갑자기 나타나 동에 번쩍, 서에 번쩍, 세상을 구하는 영웅의 이야기가 아니었다. 평범한 사람들의 평범한 일상들. 그 안에서 경험하는 어려움과 힘든 고통을 극복하는 글, 삶의 의미를 찾는 부분에 공감하고 밑줄을 그었다. 슬프다, 기쁘다, 행복했다는 표현은 없었지만, 작가의 감정이 고스란히 느껴지는 글. 보여 주기식의 글이 아닌 삶, 있는 그대로를 덤덤하게 쓴 글에 감동했다. 고개를 끄덕였다.

비슷한 일을 겪은 사람도 있고, 더 어렵고 힘든 일을 경험한 사람도 많다. 똑같은 일을 겪어도 사람마다 느낌과 감정과 생각은 다르다. 틀린 게 아닌 서로 다른 것. 관심과 애정으로 바라보니 내 하루도 생기가 돌았다.

이은대 작가의 《책쓰기》에 나오는 '글감'에 대한 글이다.

'글감은 찾는 게 아니라 다르게 보는 거다. 쓸 거리가 없다는 말은 다르게 보려는 노력을 전혀 하지 않는다는 뜻이나 다름없다.'

멀리서 찾으려 했다. 무지개 찾는 아이처럼. 귀하고 좋은 건 멀리 있다고 생각했다. 다르게 볼 줄 몰랐다. 다르게 보려는 노력도 안 했다. 주변을 살필 줄도 몰랐고, 관심도 없었다. 그냥 흘러가는 대로 살았고 사는 대로 흘러갔다. 하지만 이제는 멀리에서 찾지 않는다. 사방팔방에 글감이 널려 있다. 보물은 내 주변 곳곳에 숨어 있었다. 다른 시선으로 볼 수 있는, 힘만 키우면 된다. 오늘도 그 힘을 키우기 위해 오감에 집중해 본다.

2-12.

어떤 차 타세요?

정은주

나의 인생을 차로 비유해 보면 3가지로 나눌 수 있다. 결혼하기 전, 나는 스포츠카였다. 화려한 색깔로 사람들의 눈길을 끌었고, 가고 싶은 곳은 어디든 갈 수 있었다. 결혼을 했다. 아이가 태어났고 엄마가 되었다. 시댁에서는 며느리가 되었다. 일도 여전히 하고 있었다. 갑자기 여러 가지 이름으로 불리었고 해야 할 일도 늘어났다. 그야말로 봉고차와 같은 인생이었다. 짐을 싣고 사람도 태우며 달려야 했다. 바람 빠진 타이어에 어디서 긁혔는지도 모르는 낡은 차를 운전했다.

첫째가 초등학교 1학년일 때 일이다. 지나가는 차를 볼 때마다 물어보았다.
"엄마, 저거 좋은 차야?"
어떤 차를 말하는지 알 수 없어서 대답을 안 했다. 마침 신호

쓰면 달라진다

등이 바뀌 차들이 멈췄을 때 아이는 한 대 한 대 가리키며 똑같은 질문을 했다. 처음에는 '응, 비싼 차야. 아니, 그저 그래.' 등으로 건성으로 대답했다. 며칠 지나자 유치원 다니는 둘째도 그러는 것이었다. 그제야 첫째 아이를 앉혀서 이유를 물어보았다. 양쪽 팔을 꽉 잡은 내 손에 힘이 들어가서 아이는 엄마를 무서워하며 주저했다. 몇 번 다그쳤더니 그제야 누구네 엄마가 모는 차가 세상에서 제일 좋은 차라고 했다는 것이다. 짐작 가는 차가 있다. 딱 봐도 비싸 보이는 외제 차다. 아랫입술에 힘이 들어갔다. 비교하고 경쟁하는 분위기가 싫어서 아이들을 대안학교에 보냈는데, 화가 났다.

대학교 1학년 때, 학원비가 20만 원 할 때 운전면허를 땄다. 브레이크를 떼고 액셀러레이터를 살짝 밟아 무사히 언덕을 올랐다. 마음속으로 순조로운 출발에 감격하면서 우회전을 하는데 갑자기

"삐 삐 삐 삐~"

돌발 알림 사이렌이 차를 찢어 버리겠다는 듯 울려 퍼졌다. 당황해서 다리에 힘을 꽉 주고 브레이크를 밟았다. 숨을 들이마시지도 내쉬지도 못하고 머금은 채 비상등을 눌렀다. 사시나무처럼 떨리는 손가락에 힘을 주고 기어를 움직이니 T자형 주차 코스가 보였다. 그곳은 예비 운전자에게 떨림을 넘어 공포의 장소다. 차와 한 몸이 된 것처럼 굳어 버린다. 뒤로 후진하고 앞으로 빼는 과정을 천천히 여러 번 반복하다 보면 차에서 내려 차를 번쩍 들

어 옮기고 싶은 욕구마저 든다. 어느새 겨드랑이가 축축하게 젖은지도 모른 채 결승선에 가면 '합격'이라는 말밖에 들리지 않는다. 그게 몇 점이든지 간에. 긴장되는 시간이었지만 합격한 면허증은 나에게 그동안 발견하지 못한 유전자가 있었음을 알게 해주었다. 아버지를 닮아 운전 하나는 끝내주는 것이었다. 지금까지 비록 중고차밖에 못 몰았지만 운전 실력만큼은 25톤 트럭을 모는 기사라고 자부할 수 있다. 도로 연수를 받던 마지막 날 하필이면 아침부터 비가 내렸다. 취소하면 환불이 안 되기 때문에 돈이 아까워 시간 맞춰 나갔다. 빗길에는 평소보다 속도를 낮춰야 한다고 강사가 말했다. 초보 운전자의 귀에 들릴 리 만무했지만 처음으로 윈도 브러시도 돌리고, 송풍기를 눌러 앞 유리창 습기도 없앴다. 무사히 두 시간 주행을 마치고 운전석에 바꿔 타던 강사는 나에게 정말 운전 잘한다며 칭찬을 아끼지 않았다. 사실 빗길을 겁내지 않았던 것은 내 운전 실력 때문이 아니라 강사에 대한 믿음 때문이었다. 도로 연수 차는 보조석에도 브레이크가 있어서 언제든지 급한 상황에 차를 세울 수 있다. 강사가 나보다 더 신경을 쓰고 보조석에서 안내하고 칭찬해 주고, 보호해 주었기에 내가 마음 놓고 운전할 수 있었던 것이다. 그 후 나는 서울에서 부산까지 가고 싶은 곳은 어디든 갈 수 있었다.

중고차만 운전해서 몇 번이나 차가 멈춰서 견인되고 폐차를 했지만 내 다리나 마찬가지인 차로 인해 자괴감이 든 적은 없다. 하지만 이번에는 달랐다. 차 종류도 모르는 아이가 한두 번도 아니고 몇 번이나 확인하듯 물어보는 모습은 가난을 세습하는 것 같았다.

　아버지의 주차장에 있으면 차의 종류를 가리지 않고 주차한다. 외제 차는 물론이고, 택시부터 트럭까지 다양하다. 어떤 차는 내려도 시동이 꺼지지 않아 주인에게 열쇠를 받으러 갔다. 일정 시간이 지나면 자동으로 꺼진다는 말을 듣고 살짝 부끄러워졌다. 주인이 몇 미터 떨어지면 헤드라이트가 꺼지는 차도 있었다. 처음 보는 외제 차는 이름도 생소했지만 운전대도 많이 달랐다. 그렇게 이 차 저 차를 주차하면서 나도 모르게 조금씩 화가 풀렸다. 영화에서 보듯이 내 차인 것처럼 착각하는 정도는 아니었지만, 좋은 차를 가지고 싶다는 꿈이 생겼다. 때로는 차는 화려한데 차 내부는 엉망인 경우도 있었다. 진한 향수로 담배 냄새를 덮고 좋은 옷을 입고 내려도 차 안은 그렇지 못했다.

　인생은 차와 같다. 소형차에서부터 외제 차까지 종류가 다양하다. 중고차에서부터 새 차도 있다. 자가용에서 버스, 나아가 25톤 트럭까지 용도에 맞게 출시된다. 이제 막 사회에 나온 젊은이부터 사회적으로 성공해 돈이 많은 사람들도 있다. 나이가 들고 사고를 당해 몸이 안 좋은 사람도 있다. 혼자 아이를 키우는 한 부모 가정도 있고, 손자 손녀를 맡은 조손 가정은 물론이고 부부가 새로이 결합하여 식구가 늘어난 집도 있다. 모양도 형태도 금액도 다른 차처럼 인생도 모두가 다르다.

최근에는 '승차감보다 하차감'이라는 말이 유행하고 있다. 차를 탈 때보다 내릴 때 사람들에게 주목받는 차를 타고 싶다는 심리를 반영한 말이다. 새 차로 바꾸기 위해 무리하게 대출을 받기도 한다. 차를 업그레이드하면 사람의 격이 올라간다고 믿는 것 같아서 안타깝다.

글감은 다양한 차를 말한다. 더 자세히 보면 차를 탄 사람들의 인생이 글감이 된다. 어떤 차를 타는지보다 어떻게 타느냐가 더 중요하다. 고급 차를 타지만 차의 주인은 은행이라는 말이 우스갯소리만은 아니다. 진정한 차 주인이 되려면 사람도 차 종류만큼의 인격을 갖추어야 한다. 내가 만약 자존심을 내세우며 빚을 내서 좋은 차로 바꿨다면 자존심은 회복되었을까 생각해 본다. 주차장에 차를 맡기는 사람들의 행동과 태도도 다양하다. 차뿐만 아니라 주인의 이야기도 좋은 글감이 된다. 물건과 주인의 관계를 유추해 보는 연습도 글쓰기 할 때 도움이 되기 때문에 주의 깊게 살펴보는 연습을 한다.

지금 나는 캠핑카와 같은 인생을 살고 있다. 어디든 주차만 하면 집이 된다. 아이들은 뛰어놀고 남편과 나는 커피를 마시며 여유를 즐기는 삶이다. 이 모든 것들을 글감으로 녹여 내니 봉고차는 빠지고 캠핑카가 기다리고 있었다. 아이가 물어보던 좋은 차는 여전히 비싸고 좋은 차다. 사람들의 기준은 달라지지 않았다. 여전히 나는 중고차를 몰고 있다. 하지만 이제는 아이의 질문에 기분이 나쁘지 않다. 나에게 맞는 차가 가장 좋은 차임을 알기 때문이다.

이 글을 읽는 여러분에게 묻고 싶다. 여러분은 지금 어떤 차를 타세요?

2-13.

글감을 찾는 7가지 방법

정인구

작가들에게 가장 어려운 부분 중 하나는 글감을 찾는 것이다. 글쓰기 수업 중 강사는 '글감은 천지다'라고 했다. 글감을 찾는 데 이것만 꼭 기억하라고. 첫 번째는 기필코 한 편 쓰겠다는 마음으로 안테나를 높이 세우란다. 자녀/배우자와 대화, 출퇴근 시간, 친구와 수다, 시장통, 주변 대화 등 일상에서 찾으라고. 두 번째는 연결이다. 키워드나 문장을 육아, 성공, 시간 관리, 습관, 행복, 성취 등과 연결하는 것이다. 제가 활용하는 글감 찾는 7가지 방법이다.

첫 번째, 단연코 독서다. 글감은 내 생각이나 경험에서 나오는 데 한계가 있다. 외부 자극이 있어야 한다. 그게 독서다. 책을 읽다 보면 마음에 드는 구절에 밑줄을 긋는다. 너무 많이 긋다가 보면 뭐가 중요한지 헷갈린다. 책을 덮고 나면 금방 잊어버린다.

쓰면 달라진다

독서 코치 과정을 배울 때 독서 노트를 작성했었는데 과정을 마치고 나서는 작성하지 않았다. 글을 쓰다 보면 주제와 관련된 글이 생각나는데 어느 책에서 봤는지 기억나지 않아 답답할 때가 있었다. 책을 찾았다 해도 어느 페이지에 있는지 한참을 헤맸었다. 지금은 독서 노트를 작성한다. 책 속에서 뽑은 문장으로 내 느낀 점과 실행할 것을 기록한다. 글감이 생각나지 않을 때는 독서 노트를 보면 글감을 찾는 데 수월하다. 내 언어로 작성되어 있고, 내가 뽑은 문장에는 과거 내 경험이나 생각이 녹아 있기 때문이다.

두 번째, 일기 쓰기다. 일기를 쓰면 일상에서 놓치고 있었던 메시지나 생각을 발견할 수 있다. 일기는 내 감정을 솔직하게 쓸 수 있다. 예전에 상사에게 질책당한 일이 있었다. 글에 실컷 욕을 쏟아 냈다. 그래도 분이 풀리지 않았다. 그러다 나도 모르게 미안한 마음이 들었다. '상사도 윗사람에게 질책당하지 않았을까? 가정이나 건강에 문제 있는 건 아닌지'. 나중 화살이 네게로 왔다. 내가 잘못한 부분이 뭐가 있는지. '왜, 상사만 욕하는가?'라는 주제로 한 편의 글을 쓸 수 있다. 일기는 신이 준 최고의 선물이다. 저는 미라클 모닝 회원들과 매일 아침 '모닝 저널 15분', 일기를 쓰고 있다.

세 번째, 산책이나 여행이다. 산책이나 여행 중 행복함, 슬픔, 설렘 등 순간순간 감정의 변화나 원인에 대해서 수첩이나 스마트폰 앱을 활용해서 기록한다. 친지 가족과 분기 1회 2박 3일 여행을 간다. 여행 후 글을 쓰려면 생각이 나지 않는다. 찍은 사진을 보고 순서대로 기억을 되살리곤 하지만 순간의 감정을 되살릴 수 없었다. 지금은 스마트폰 앱 중 '네이버 클로바 노트'를 활용한다. 녹음 기능과 글을 동시에 기록할 수 있다. 걸으면서 감정이나 느낌을 말로 하면 녹음이 되고 기록까지 동시에 된다. PC 동기화도 된다. 여행 후 녹음 내용을 들으면 마치 그곳에 있는 듯한 느낌이 든다. 이때 사진도 함께 찍으면 좋다. 블로그나 SNS에 포스팅할 경우 사진을 찾는 데 걸리는 시간을 절약할 수 있다.

네 번째, 일상 대화 속에서 찾는다. 지금 카페에서 글을 쓰고 있다. 창가에 테이블이 3개, 벽 쪽으로 3면에 9개, 중앙에 4개. 자리가 꽉 찼고, 시끄럽습니다. 5m 정도 떨어진 맞은편에 50대 후반으로 보이는 남녀 4명이 대화하고 있다. 갑자기 귀가 번쩍 띄었다. 내 고향 '하동'이란 단어가 들렸다. 자주 만나는 사이는 아닌 듯. 여성 한 명이 '어머, 고향 오빠네~'라며 손뼉을 친다. 소음 속에서도 '하동'이라는 단어가 유난히 잘 들린다. 출신 초등학교가 나하고 같고, 남자분이 쥐띠라고. 나보다 2살 위다. 달려가 인사하고 싶은 충동이 생긴다. '카페, 나이트클럽' 등 시끄러운 곳에서도 내 이름이나 고향 이야기를 하면 크게 들린다. 이걸 '칵테일 파티 효과'라고 한다. 칵테일 파티 효과에 대한 글을 쓸 수 있다.

다섯 번째, 검색 사이트를 이용하는 방법이다. 구글이나 네이버 등 검색 엔진에 쓰고 싶은 키워드를 검색한다. 블로그, 기사,

쓰면 달라진다

유튜브, 브런치, 칼럼 등. 남들이 쓴 글을 읽고 있으면 글감이 떠오른다. 또 쓰려고 하는 키워드로 명언을 검색해서 나의 어록으로 각색하면 괜찮은 문구가 만들어진다. '구글 도서 검색' 사이트(https://books.google.co.kr/)는 글감 찾는 데 좋다. 검색창에 '글쓰기'란 키워드를 검색하니 글쓰기 관련 책 55권이 검색된다. 출판사, 작가뿐 아니라, 책 내용을 미리 보기(책 내용의 상당한 부분, 어떤 것은 한 권 전체) 할 수 있다. 관련 키워드 책을 빠르게 스크린 할 수 있어 글감 찾는 데 요긴하다.

여섯 번째, 인공 지능 '챗 GPT, MS Bing' 검색 엔진이다. 전년도 11월부터 챗 GPT 열풍이 세계적으로 일고 있다. 인공 지능을 활용하면 글감을 쉽게 발굴할 수 있다. '챗 GPT, MS Bing' 사이트 가입 후 대화창에 '나는 글 쓰는 작가야. 글감을 발굴하는 방법 10가지를 자기계발서 형식으로 5천 자 이내로 작성해 줘.'라고 입력하면 글감에 도움이 되는 내용을 보여 준다. 연이어 대화창에 '메시지 발굴하는 방법'에 관해 인기 있을 카피 문구 5가지만 알려줘.'라고 치면 좀 엉성한 답변을 내놓을 때도 있지만 의외로 양질의 아이디어를 얻을 수 있다. 다만, 인공 지능 검색 엔진은 참고용으로 활용하면 좋겠다. 검색된 내용이 공자님 말씀이고, 내 경험이 들어가 있지 않다. 국내용 인공지능 사이트 뤼튼(https://wrtn.ai/), 카카오톡 AI, AskUp(아숙업)도 유용하다.

일곱 번째, 책 목차를 활용한다. 책 목차는 작가나 출판사에서 가장 많이 신경을 쓰는 부분이다. 책 꼭지마다 주제가 함축되어 있다. 책 읽을 때 마인드맵으로 목차를 한 장으로 정리해서 곁에 두고 읽는다. 책 전체를 조망할 수 있고, 독서 효율이 높아진다. 목차만 모아 둔 바인더를 펼쳐 내가 쓰고자 하는 메시지를 내 언어로 각색하면 좋은 글감이 된다. '해 아래 새것이 없다(전도서 1:9-10)'고 했다. 새것이 없다는 말은 인간은 이미 주어진 것을 가공해서 쓰는 것이지 새로운 것을 창조하지 못한다는 뜻이다. 아리스토텔레스는 '모방은 창조의 어머니다'라고 했다. 창조보다 모방이 훨씬 효율적이다.

지금까지 일상에서 글감을 찾은 방법 7가지를 공유했다. 강사 말처럼 글감은 천지다. 중요한 것은 글감을 찾겠다는 마음가짐이다. 언제, 어디서든 안테나를 높이 세우고.
'구슬이 서 말이라도 꿰어야 보배다. 글감이 천지라도 꿰어야 글이 된다.'

2-14.

모든 날이 글감이다

최주선

영화와 드라마를 봅니다. 유튜브를 열면 많은 영상이 쏟아져 나옵니다. 책을 읽습니다. 무수한 문장을 만납니다. 다양한 환경에서 여러 콘텐츠를 접합니다. 그리고 생각하죠. '와, 대단하다. 와, 멋지다.' 시나리오 작가의 대사를 보며 감탄합니다. 여기서 끝난다면 남는 게 전혀 없습니다. 일상에서 일어나는 수많은 일을 하다 보면 생각을 머물러 있게 할 수 없습니다. 모든 정보는 휘발성이 되어 날아가 버리기 쉽습니다. 건지고 싶은 문장이 있을 땐 꼭 메모합니다. 떠오르는 말이 있을 땐 적어둡니다. 스마트폰 메모장에 빠르고 쉽게 적어 넣습니다. 스마트폰을 잃어버리지 않는 한 언제든 열어 볼 수 있거든요. 요즘은 유튜브나 인스타그램, 페이스북 등 소셜미디어에서 좋은 글귀를 쉽게 볼 수 있습니다. 진득하게 앉아 책을 못 읽는 날이나 일상에서 글감을 못 찾은 날에는 다른 사람들이 정리해 둔 명언을 찾아보기도 합니다. 그중 마음에 닿는 표현을 고릅니다. 내 생각을 삶과 연결 짓습니다. 그럼 꼭 한 가지라도 연결됩니다.

> 부모가 된다는 건 위대한 모험이다. 자녀의 호기심과 경이로움을 깨워 주면 잊어버린 부모의 창의성도 고개를 들기 마련이다. -줄리아 카메룬-
>
> 작가가 된다는 건 위대한 모험은 아니다. 그저 개인의 호기심을 글로 풀어내면 없던 창의성도 생기기 마련이다. 그저 쓰고 또 쓰면 된다. -최주선 작가-

책이나 유명 인사가 말한 내용을 가지고 내 것으로 재창조시킵니다. 이 줄기를 잡고 글을 한 편 쓰다 보면 나의 이야기와 자연스럽게 연결됩니다. 나의 경험과 호기심을 자극했던 일과 연결 지으며 글 한 편을 적어 나가면 됩니다. 글이 마무리될 무렵에는 글을 시작할 때 생각지도 못했던 교훈을 얻게 되는 날도 있습니다. 글쓰기는 마치 항해하는 배와 같습니다. 처음에 생각했던 방향으로 써내려 가지만, 때론 더 나은 방향으로 키를 틀 수 있습니다. 글쓰기만의 매력입니다. 내 안에서 이런 생각이 나왔다는 사실이 놀랍게 느껴지는 순간입니다.

처음에는 하루 중 있던 일을 기억했다가 쓰겠다며 머릿속에 잘 넣었습니다. 입으로 중얼거리면서 잊지 않기 위해 애를 썼죠.

쓰면 달라진다

호기롭게 기억력을 믿었습니다. 저녁이 되어 이제 좀 글 써보겠다며 책상 앞에 앉는 순간 갑자기 머리가 하얘집니다. 당시 어떤 뉘앙스의 말이었는지, 오늘 있던 상황이 무슨 일이었는지 머리 쥐어뜯어 봅니다. 쓰다가 다 마무리하지 못한 채로 저장해 둔 날도 많았습니다. 적어 둘걸.

메모가 습관이 안 되어 있던 당시, 작가는 메모를 잘해야 한다는 말이 일처럼 느껴졌습니다. 굳이 메모하면서 글 써야 할까? 생각했습니다. 적어야 합니다. 이제는 순전히 버거운 일이 아닌 꼭 필요한 작업입니다. 메모하다 보면 단어와 문장만 적어도 흐름에 따라 몇 줄은 금세 완성됩니다. 어떤 날은 메모에서 시작해 그대로 글 한 편을 적은 날도 있습니다. 이런 날은 빨리 블로그나 브런치 스토리 혹은 한글 파일에 옮겨 적고 싶어서 마음이 급해집니다.

> 예시1) 요엘이와 산에 하이킹하러 갔다. 길을 잃어 갔던 길을 또 만나고 예상했던 시간보다 오래 걸어야 했다. 요엘은 힘들다며 축 처져 터덜터덜 걸었다. 손을 잡고 걷다가 내가 휘청거리며 흙바닥에서 미끄러졌다. 순간 내 손을 꽉 잡은 요엘이 말했다. "어른들도 넘어지는구나? 내가 엄마 손 잡은 덕에 엄마는 안 넘어진 거야. 내가 잡았어! 이제 나만 따라와요." 힘들어하던 아이 모습을 어디로 가고 없고 엄마를 돕겠다는 아이는 에너지가 넘쳤다. 내가 힘든 상황에서도 나보다 힘든 사람을 돕겠다는 마음이 생길 때 없던 에너지도 생긴다. 힘들 땐 내 문제에 집중하기보다 외부로 눈을 돌려 다른 사람의 필요를 보면 잘 일어설 수 있다.

예시2) 남편과 감정싸움을 했다. 문제의 원인은 걸레질이었다. 바닥을 걸레로 좀 닦으랬더니, 금방 물기 날아가는 물티슈로 닦고는 이미 다 닦았다는 말이 화근이었다. 바빠서 미치고 폴짝 뛰겠는데 시끄럽게 소리 내며 청소기 돌리는 나를 보면서도 책상에 앉아 축구를 보는 모습에 울화통이 터졌다. 가만 생각하니 원인은 걸레질이 아니었다. 나만 청소하는 것 같은 불만에서 비롯됐다. 남편과 말싸움하다 내 모습이 보였다. 부탁하면 언제든 싫은 소리 없이 도와주는 남편이다. 나는 언제나 요구하는 위치에 있던 거 같아 못내 마음이 미안해졌다. 요구를 부드럽게 했으면 생기지 않을 문제였다. 말의 씨가 독했다.

위의 두 가지 내용은 평소 일상에서 글감을 찾아 메시지와 연결하는 글쓰기 방법입니다. 가는 곳, 만나는 사람, 일어난 일, 가족과 있었던 일, 사물을 보며 들었던 생각, 유튜브나 웹사이트를 통해서 들은 소식이나 말, 먹은 음식 등 나를 둘러싼 모든 것은 전부 글감이 됩니다. 매일 생활에서 글감을 찾습니다. 오늘 일과 중에서 반드시 어떤 이야기라도 찾겠다고 생각하죠. 이제 일어난 일과 글을 연결 짓습니다. 삶과 연결 지으면 글 한 편이 완성됩니다.

남아공에 살면서 정전이 자주 되어 당연하게 느끼는 것들로부터 문제가 발생하는 일이 잦습니다. 정전된 데다 수도까지 끊기면 그야말로 재앙이 따로 없죠. 외국에서 살며 일어나는 크고 작은 문제들, 영어 코치로서 만나는 회원, 동료 코치들과 나누는 정보, 온라인에서 소통하는 여러 사람과 만남까지 모두 글감입니다. 기분 좋은 말, 감정 상한 경험, 다른 사람의 아픔, 그 안에서 느끼는 감정과 예상되는 결과, 어떻게 하면 좀 더 건설적인 생각으로 전환할 수 있을지 글을 쓰며 고민합니다. 이따금 감당하기 힘든 일이 생기면 그 상황에 집중합니다. 어떻게든 글과 연결 지으려고 합니다. 심지어 닥친 상황의 사진도 몇 장 찍어 둡니다. 누가 보면 미친년이라고 생각할 수도 있을 것 같습니다. 이렇게 하면서 글로 기록하고 내 이야기를 적습니다.

아직도 더 많이 쓰고, 매일 쓰고 더 성장해야 합니다. 매일 글을 쓰다 보니 연결이 자연스러워지고 있습니다. 물론 아직도 방심하면 눈에 보이는 글감도 놓칠 때도 있습니다. 기껏 다 적어 놓고 맘에 안 들어 백스페이스를 사정없이 누르다 못해 마우스를 검게 드래그해서 한 번에 삭제해 버리기도 하죠. 책이 몇 권 나왔고 작가가 되었지만 내 인생이 '짜잔' 하고 완전히 뒤바뀌지는 않았습니다. 베스트셀러 작가도 아니고요. 유명 책 쓰기 강사도 아닙니다. 그러나 글을 쓰고 삶과 연결하는 훈련 덕분에 제 삶이 서서히 변하고 있습니다. 일상에서 무슨 일이 일어나면 "앗싸! 글감이다!"라고 외치곤 합니다. 옆에서 보고 있던 가족들은 의아하게 쳐다보기도 합니다. 이제는 무슨 일이 생기면 아이들이 먼저 묻습니다.

"엄마, 오늘은 이걸로 글 쓸 거예요?"

삶에 집중하고 살짝 한 걸음 물러나서 그 상황을 바라봅니

다. 좀 더 예민하게 생각의 촉을 조금만 세우면 삶의 모든 부분은
다 글감입니다. 오늘도 글감을 찾습니다.

2-15.

인생의 모든 순간이 글감이 된다

황상열

며칠 전 퇴근길이다. 술을 마시고 평소보다 늦은 시간이다. 지하철역에서 내려서 밖으로 나오니 얼굴 표정이 일그러졌다. 봄이 가까워지고 있지만 여전히 겨울이다 보니 춥다. 얼굴로 파고드는 바람이 차갑다. 귀 아래로 스며드는 바람 소리도 오늘따라 왠지 서글프게 느껴진다.

버스를 타기 위해 발걸음을 옮겼다. 집으로 가는 버스는 10분 정도 기다려야 한다. 오늘따라 많은 사람들이 정류장에 있다. 각자의 쉼터로 가기 위한 마지막 관문이다. 대부분의 사람들이 스마트폰을 보고 있다. 그 모습을 지켜보던 나도 어느샌가 눈이 스마트폰으로 향해 있다.

시간을 보고 다시 주위를 둘러본다. 정류장 한구석에서 시끄러운 소리가 들린다. 나처럼 술을 먹은 듯하다. 한 아저씨가 술이 많이 취했는지 계속 비틀거리면서 소리친다. 그러다가 넘어졌다. 아무도 신경 쓰지 않기에 달려가서 그 사람을 일으킨 후 물었다.

"집이 어디세요? 택시 불러 드릴까요?"
"당신 뭐야! 당신도 나 무시하는 거야?"
"아니요, 집에 가셔야죠. 이런 날씨에 여기에 계시면 얼어 죽습니다."
"뭔 상관이야! 저리 꺼져."

더 이상 이야기하면 한 대 맞을 것 같았다. 다행히 그 사람도 일어났다. 비틀거리긴 했지만 다른 쪽으로 걸어갔다. 버스가 도착했다. 줄을 서서 탔다. 맨 뒷자리에 비어 있어 앉았다. 앞에 한 20대 연인이 보인다. 술에 많이 취한 듯한 여자가 남자의 어깨에 기대어 자는 듯하다. 그 여자의 모습을 남자는 사랑스럽게 쳐다본다.

버스가 출발했다. 창밖으로 시선이 옮겨 간다. 늦은 밤에 날씨까지 춥다 보니 서둘러 집으로 뛰어가는 사람들이 많이 보인다. 삼삼오오 공부를 마치고 집에 가는 청소년들도 보인다. 15분 정도 달린 버스가 집 근처 정류장에 도착한다. 작년 이사 간 집까지 10분 정도 또 걸어야 한다. 집에 가는 골목길은 조용하다. 가로등만 나를 감싸고 있다. 사람 한 명 보이지 않는다. 오늘따라 무서

쓰면 달라진다

워서 집까지 뛰어갔다.

　　많은 사람들이 쓸 거리가 없어서 글을 못 쓴다고 아우성이다. 처음 글을 쓰기 위해 마음먹던 나도 그랬다. 무엇을 써야할지 몰랐다. 정말 특별한 것을 써야 사람들이 읽는 줄 알았다. 물론 사람들이 궁금해하는 콘텐츠나 내용을 써야 많은 사람들이 보는 것은 당연하다. 하지만 꼭 그렇다고 그런 글만 써야 하는 것이 아니다.

　　위에 썼던 글은 늦은 퇴근길의 느낌을 적은 것이다. 이렇게 어떤 일상도 글로 옮길 수 있다. 지금 내 눈앞에 보이는 사물, 만나는 사람의 모습과 대화, 그 현상이나 사건에서 느낀 감정 등 모두를 글로 표현하면 그만이다. 삶의 모든 순간이 글감이 된다. 아래 방법대로 일상에서 글감을 찾을 수도 있다.

　　1) 쓰고자 하는 주제의 칼럼을 검색한다.
　　혹시 오늘 쓰고자 하는 주제가 있는데 어떻게 써야 할지 잘 생각이 나지 않는다. 이럴 때는 포털 사이트에서 그 주제에 대한 칼럼을 찾아보자. 다른 사람들이 그 주제로 어떻게 글로 풀어냈는지 몇 개의 칼럼을 읽다 보면 글감이 떠오른다.

　　2) 평상시에 떠오르는 생각을 기록한다.
　　일상생활을 하다가 떠오르는 아이디어나 느낌 등을 수첩이나 다이어리에 한두 줄이라도 적는다. 그렇게 매일 몇 번씩 기록하다 보면 글감이 많이 모이게 된다. 추후 다른 주제로 글을 쓰더라도 다이어리나 수첩을 펼쳐서 글감으로 사용할 수 있다.

3) 드라마나 영화 등을 자주 본다.

평상시에 텔레비전을 자주 보지 않지만, 화제가 되는 드라마나 영화는 한 번씩 다시 보기로 본다. 또 예능 프로그램도 마찬가지다. 보다 보면 인상적이고 감명 깊은 장면이 가끔 나온다. 그 장면을 보고 느끼거나 생각나는 점을 글감으로 사용한다.

4) 이메일로 오는 좋은 글을 활용한다.

매일 또는 매주마다 좋은 글이 포함된 이메일을 받는다. 역경을 이겨 낸 인물의 이야기, 일상에서 소소하게 일어나는 에피소드 등을 통해 인생의 희로애락을 배운다. 거기에서 힌트를 얻어 나의 경험과 지식을 엮어 어떻게 쓸지 글감을 얻기도 한다.

5) 책을 읽다가 인상 깊거나 감명 깊은 구절에서 발견할 수 있다.

자기계발서나 에세이를 읽다 보면 계속 눈이 가는 구절이나 문장이 있다. 여기에 밑줄을 치고 몇 번씩 읽고 나의 생각을 조금씩 쓰다가 글감을 발견하기도 한다.

나는 위의 5가지 방법을 주로 사용하며 일상에서 글감을 찾거나 얻는다. 그 외에 갑자기 울적해지거나 기분이 좋아지는 등 감정을 통해서 갑자기 글감이 떠오르기도 한다. 여러분은 어떤 방법으로 글감을 얻고 있는지 궁금하다. 오늘도 겨우 글감을 찾아내어 한 편 완성했다. 글을 쓰고 싶은데 잘 떠오르지 않을 때 위의 방법을 한번 사용해 보길 바란다.

Write

difference

3부

어떻게 써야

달라지는가

3-1.

매일 쓰는 사람이 작가입니다

고선해

"글을 써야 책이 됩니다. 왜! 책부터 쓰려고 합니까? 책을 내는 사람이 작가가 아니라, 매일 글을 쓰는 사람이 작가입니다. 시간을 정하고 일단 매일 글을 쓰세요. 세 줄 일기라도 매일 써 보세요. 일기는 신이 내린 선물입니다. 쓸 거리가 없으면 책부터 읽어요. 아니, 작가가 되겠다는 사람들이 책도 읽지 않으면서 어떻게 글을 쓰겠다는 겁니까? 책을 읽다가 쓸 거리가 생기면 글을 쓰고, 글을 쓰다가 생각이 안 나면 또 책을 읽으세요. 한쪽 눈알이 빠지도록 책을 읽으세요. 그래야 쓸 거리가 생깁니다." 줌 강의 중 이은대 작가의 외침에 스피커가 터져 버릴 것 같았다. 나처럼 몇 년씩 강의를 들으면서도 글을 쓰지 않는 수강생들이 많으니 얼마나 답답하실까?

이은대 작가의 큰 목소리 때문이었을까? 아니면 큰 목소리

쓰면 달라진다

보다 더 강한 울림 때문이었을까? 나는 책을 내기 전에 글부터 매일 써 보자고 다짐했다.

"다짐, 결심 그런 것 하지 마세요. 지키지도 않을 거면서 왜 맨날 결심하고 다짐합니까?" 다짐하는 순간 다시 이은대 작가의 환청이 들렸다.

'나는 다짐하고 지킬 거야. 매일 글을 쓰겠다는 마음이 흐지부지되지 않으려면 시스템을 만들어야 해. 어떤 시스템을 만들어야 내가 잘 지킬 수 있을까?' 며칠을 고민한 후 시스템을 만들었다. 그 시스템은 바로 '독감일기'다.

2021년 이은대 작가의 강의를 듣고 실천하기 시작한 독감일기 쓰기는 현재(800회)까지 이어 오고 있다. 짧은 슬럼프를 겪기도 했지만, 꾸준하게 쓰기 위해 노력했다.

독감일기를 매일 쓰다 보니 글감을 찾는 일이 쉬워졌고, 글쓰기 능력도 향상되는 것을 느낄 수 있었다. 누군가가 나에게 매일 글을 쓸 방법을 알려 달라고 한다면, 나는 독감일기를 권하고 싶다. 작게 시작해서 꾸준히 쓸 수 있는 시스템이기 때문이다.

지인들에게 독감일기를 쓴다고 이야기하면 "독감일기가 뭐예요?"라고 묻는다. "독감일기는 독서 노트, 감사 목록, 일기의 줄임말이랍니다."라고 대답하면 방법을 자세히 알려 달라고 한다. 나의 이야기를 듣고 실천하고 있는 지인도 여러 명 있다.

이 책을 읽고 있는 독자 중에도 궁금한 분이 계실 것 같아 독감일기를 쓰는 방법과 지속할 수 있는 비결 세 가지를 간단하게 소개하고자 한다.

* 독감일기 쓰는 순서

1. 독감일기 회차
2. 오늘의 날짜와 날씨
3. 오늘 읽은 책 제목, 저자, 기억하고 싶은 문장
4. 독서일기(책을 읽고 느낀 점 세 줄)
5. 오늘의 감사 목록 5개
6. 오늘의 세 줄 일기

* 작게 시작하여 지속할 수 있는 세 가지 비결

첫째, 작심삼일을 일곱 번 반복하겠다고 마음먹는다. 습관의 가장 기본이 된다는 21일만 지켜보자고 작정한다. 그리고 자기 전에 긍정 확언을 한다. "나는 고선해다. 나는 결심하면 반드시 지키는 사람이다. 독감일기 21일 미션에 반드시 성공할 것이다." 이렇게 외치고 잠자리에 들면, 다음 날 반드시 해야 한다는 긍정적 불안이 생긴다. 그리고 그 긍정적 불안이 계획을 실천할 수 있는 원동력이 된다.

둘째, 숫자로 기록한다. 독감일기 1회차, 독감일기 2회차, 독감일기 3회차. 이렇게 숫자를 쓰면서 삼 일씩 일곱 번 반복하겠다고 결심하면 실행이 쉬워진다. 횟수가 더해질수록 성취감도 느껴

쓰면 달라진다

진다. 또 나와의 약속을 잘 지키고 있다는 생각에 자신감과 자존
감도 향상된다.

셋째, 아침 시간에 기록하는 것을 원칙으로 한다. 나는 눈을
뜨면 화장실을 다녀와 물을 한잔 마신다. 그리고 15분 알람을 맞
추고 독서를 시작한다. 15분 독서 후 기억하고 싶은 한 문장을 쓰
고 그 문장을 선택한 이유를 간단하게 쓴다. 마음에 와닿는 문장
을 발견한 경우에는 간단한 독서 일기를 쓴다. 15분 아침 독서로
시작했으나, 지금은 주 4~5회 이상 두 시간씩 책을 읽고 노트에
필사 후 단문도 쓰고 있다. '시간이 날 때 써야지.'라고 생각하면
우선순위에서 밀려 기록하지 못하는 날이 많아지기 때문이다.

위에서 언급했듯이, 무언가를 오래 지속하기 위해서는 작은
성취를 이루는 것부터 시작해야 한다. 일단 작심삼일부터 성공시
키면 된다. 작심삼일을 일곱 번 반복하여 21일에 다다르는 데 성
공하면 50일에 도전하고, 차근차근 100일, 200일, 365일에 도전
한다.

나 역시 차츰 단계를 높이면서 기록하다 보니 독감일기 기록
횟수가 800일이 되었다. 지금은 아침에 독감일기를 쓰지 않으면
식사 후 양치를 안 한 것만큼 불편하다.

책을 내겠다는 부담감을 내려놓고 꾸준히 독감일기를 쓰다
보니 책을 쓰기 위한 글감을 찾기가 쉬워졌다. 2년 이상 썼던 독

감일기에서 글감을 뽑아, 올해 세 권의 공저와 개인 저서를 내려고 준비 중이다.

나에게 있어서 '작가'는 죽을 때까지 가져가고 싶은 명함이다. 그렇기에 매일 글을 쓸 것이다.

역경을 경력으로 만들면서 살아왔던 나의 경험이 나와 같은 역경을 겪고 있는 이들의 등을 토닥여 주는 따스한 손길이 되기를 바라면서.

3-2.

매일 일상을 글로 써 본다

김삼덕

매일 일상을 글로 적어 본다. 우리는 누구나 다양한 경험이 있다. 그 경험을 글쓰기를 통해 나눠야 한다.

블로그를 쓰는 경우도 있다.

나는 블로그 쓴 지가 10년이 넘는다. 처음에는 남편이 관리를 해 주었다. 주로 사진이나 도움 되는 것들을 올렸다. 글은 전혀 쓰지 않았다. 그때는 별로 관심이 없었다.

학교 강의만 하다 보니 필요성을 느끼지 않았다. 그러다 외부 강의가 늘어나면서 블로그의 중요성을 깨달았다. 그날의 주제를 잡아 써 가고 있다. 블로그를 통해 강의 의뢰도 들어온다. 방송국에서도 전화가 온 적이 있다. 마술 교수님과 〈인간극장〉에 나갔다. 블로그를 썼더니 그것을 보고 전화를 한 것이다.

글을 써서 달라지기 위해서는 블로그로 서평을 남겨야 한다. 블로그 서평에는 책의 내용도 적고 본인의 생각도 적는다. 자연스럽게 좋은 문장들을 만나게 되고 표현력 등이 좋아질 수 있다.

하나의 글에는 하나의 메시지만 남긴다.

독자가 읽으면서 깨달음을 주는 메시지가 있어야 한다. 나의 경험이 독자에게 다가가 울림을 주면 좋다.

또 서론, 본론, 결론의 뼈대가 있어야 한다. 그렇지 않으면 내용이 용두사미가 될 수 있다. 횡설수설.

지나치게 긴 문장은 짧게 쓴다.

책을 많이 읽는다.

글쓰기를 하는 데 독서는 필수이다. 영국의 대문호 마틴 발저는 "우리는 우리가 읽은 것으로부터 만들어진다"고 했다. 그만큼 영향을 미친다는 의미다.

나는 어릴 적에는 책을 접할 기회가 없었다. 시골이라 문화적 혜택을 받기가 쉽지 않기 때문이다. 가끔 오빠가 사다 주어 읽은 경험이 있다. 중학생이 되면서 독후감 쓰려고 읽었다.

그 이후로 성인이 되면서 자발적 독서를 한 것 같다. 독서 모임을 전주와 서울에 가서 했다. 대형 서점에도 자주 갔다. 필요한 책을 주문하고 서점에 앉아 읽은 경험도 많다. 선물도 책으로 받으면 기분이 좋았다.

그러나 이때의 독서는 읽고 돌아서면 기억에 오래 남지 않았다.

이은대 작가님을 만나면서 문장 독서를 알게 되었다. 책 전

쓰면 달라진다

체를 읽어야 하는 부담도 줄어들었다.

어떤 책을 꺼내서 한 부분을 읽어도 내 것으로 숙성을 시킬 수 있었다. 장소마다 다른 책을 놓고 펼쳐서 읽으면 된다. 독서는 선택이 아닌 의무적으로 읽어야 한다.

달라지는 글을 쓰기 위해서는 스크랩을 하는 습관을 추천한다.

신문 사설이나 잡지에 유용한 기삿거리가 있으면 스크랩을 했다. 시간이 흐르면서 누렇게 변해 가지만 더 정감이 든다. 세월의 흐름과 그 당시의 생각을 알 수 있다.

사설은 군더더기가 없는 글이다. 필사도 하고 소리 내어 읽어 보기도 한다. 이런 반복적인 행동이 좋은 글을 쓰게 만드는 것 같다.

일기를 꾸준히 쓰자.

나는 긴 일기보다도 짧게 핵심을 쓰는 경우도 있다. 지금은 하루 중에서 기억에 남기고 싶은 것을 일기로 쓴다. 주로 학교에서 만난 학생들을 보면서 느낀 점도 많다. 저녁에 만나는 손님들을 유심히 보고 쓰는 경우도 있다.

일기를 써서 좋은 점은 가물거리는 기억을 살아나게 해 준다는 것이다. 며칠 전의 일도 기억이 안 나는 나이가 되었다. 일기장을 보면 그때의 상황이 그려진다.

다만 꾸준히 쓰기가 쉽지 않다는 점이 고민거리다.

메모하기.

요즘엔 돌아다니다 좋은 생각이 나면 핸드폰에 적는다. 그 외에는 노트나 메모장에 적는 것이 편하다.

메모를 습관적으로 했었다.

아이들 태교부터 메모를 했다. 앨범에도 사진마다 메모를 했다. 특별한 경우에는 긴 메모를 했다.

메모로 아들의 성장기 과정을 글로 엮은 것도 있다. 완성되지는 않았지만 귀한 자료다. 나는 초등학교 5학년 이전의 사진이 없다. 물론 기록도 없다. 어릴 적이 궁금할 때가 있다, 엄마가 살아 계실 때는 물어보았다. 지금은 물어볼 사람이 없다. 그래서 자녀들의 일상을 메모했다.

지금은 나의 일상을 메모한다. 나의 이야기를 책으로 내고 싶어서다. 메모가 도움이 될 것이다.

다음은 소통이다.

사람을 만나고 대화를 통해 이야깃거리를 만난다. 희로애락의 이야기다. 그것이 풍부한 글감이 되는 것이다. 나는 사람들을 좋아한다. 가게에 나를 만나러 찾아오는 이가 많다. 오늘도 오픈도 되기 전에 전화가 온다. 가게에 있느냐고. 오늘만 네 팀이나 왔다. 찾아 주는 사람이 있어 행복하다. 더 중요한 건 그들의 이야기를 듣는다는 점이다. 들으면 들을수록 사례가 많아진다. 그래서 그들의 이야기를 놓치지 않으려 한다. 고개를 끄덕이고 맞장구를 친다. 질 들어야 소통이 되는 것 같다. 불과 몇 년 전만 해도 듣기보다는 말하는 편이었다. 이제는 들으려 애쓰고 있다. 소중한 글감이기 때문이다.

과거의 경험이 풍성해야 한다.

경험이 많으면 글쓰기가 달라진다. 경험을 들으면 빠져든다. 어떤 경험이든 쓸거리가 되는 것이다.

이것이 스토리텔링의 위력이다. 듣다 보면 내가 주인공이 되어 듣고 있다. 이야기를 할 수 있는 배경에도 경험과 자신의 스토리가 있는 것이다.

주어진 기회는 무조건 잡아야 한다. 또 나서서 기회를 만들어야 한다. 풍성한 경험에 독서를 하면 글쓰기가 달라질 것이다. 달라지기 위해 책을 읽고 경험을 쌓자.

독서를 해야 쓰는 것이 달라진다. 그러니 독서에 게으름 피우지 말자.

3-3.

어제보다 조금 더 나은 글을 쓸 수 있다면

김형준

　둘째 채윤이 머리를 가끔 감겨 준다. 혼자 감을 수는 있지만, 드라이기 사용이 아직은 서툴다. 젖은 머리를 말리는 건 아내와 내 몫이다. 말없이 머리를 말리다 보면 문득 이번이 마지막일 수도 있겠다는 생각을 한다. 드라이기 사용법이 익숙지 않아 내 손을 빌리고 있지만, 곧 방법을 배우면 혼자 하려고 할 테니 말이다. 큰딸도 그랬던 것 같다. 초등학교 고학년이 되면서 차츰 혼자 하는 방법을 익혔다. 언제 마지막으로 머리를 말려 줬는지 기억이 가물가물하다. 생각해 보면 아이들이 자랄수록 할 수 있는 게 하나씩 늘었다. 스스로 서는 과정이라 생각한다. 겉모습이 달라지는 것도 성장이지만, 할 수 있는 게 늘어 가는 것 또한 성장이다. 그러니 성장은 어느 한순간에 완성되는 게 아닐 테다. 두 딸은 이전까지도 그랬고 앞으로 계속 하나씩 시도하고 해내면서 끊임없이 성장해 갈 것이다.

쓰면 달라진다

성장이 멈춘 채 살았던 때가 있었다. 그때는 직장이 전부였다. 그 당시 하루는 직장에 맞춰 돌아갔다. 출근 시간보다 항상 1시간 일찍 도착했다. 먹고 싶지 않아도 상사가 원하면 따라나섰다. 시키는 일을 위해 야근은 기본이다. 피곤해도 술 한잔 마시자면 따라나섰다. 술자리에서 상사보다 일찍 집에 가는 일은 없었다. 더 좋은 직장을 바랐지만, 필요한 역량을 키우지 않았다. 주변 사람에게 보여 주기식 자기계발을 했었다. 그러니 연봉은 제자리였고 월급도 못 줄 정도로 작은 회사만 다녔다. 언제 해고돼도 이상하지 않을 만큼 존재감 없었다. 퇴직 이후가 불안해도 뚜렷한 대안이 없었다. 모아 놓은 돈도 없었고, 하고 싶은 일도 찾지 못했다. 그때 나는 마치 도마 위에서 배를 드러낸 채 숨만 헐떡이는 물고기 같았다.

2018년부터 책을 읽기 시작했다. 운이 좋았다. 책을 읽으면서 다시 숨을 고르기 시작했다. 책은 직장이 전부였던 나를 직장 밖으로 눈 돌리게 했다. 사람에게 휘둘리던 나를 중심 잡게 했다. 나에 대해 하나씩 알아 갔다. 책 읽을 시간을 만들기 위해 시간 관리법을 배웠다. 부족한 월급에 보태기 위해 직장을 다니며 할 수 있는 부업도 배웠다. 많은 돈을 벌지는 못 했지만, 이제껏 안 해 봤던 일을 시도해 본 기회였다. 직장을 다니면서도 할 수 있는 일은 다양했다. 이 말은 더는 직장에 얽매일 필요 없다는 의미였다. 그러기 위해 직장이 아닌 직업이 필요했다. 직업은 나이, 경력, 학력에 상관없이 하고 싶은 일이면 충분했다. 그때부터 하고 싶은

게 무엇인지 나에게 물었다. 책 속 질문에 글로 쓰면서 답을 찾아갔다. 쉽게 찾아지지 않았다. 찾았다고 해도 선택 앞에서 망설여졌다. 확신이 없었다. 나에게 맞을지 의심이 들었다. 틀린 답일 수도 있었다. 망설이고 불안해하고 걱정한다고 달라지지 않았다. 대안이 없다면 일단 시작해 볼 용기가 필요했다. 나를 믿는 게 먼저였다. 그래서 믿어 보기로 했다. 작가가 되기로 했다.

새로운 직업을 선택했다는 건 사는 모습도 달라져야 한다는 의미였다. 다른 직업도 마찬가지겠지만, 글 쓰는 직업도 어느 한순간에 완성되는 게 아니었다. 우리 두 딸이 이제껏 성장하며 할 수 있는 게 조금씩 늘어나는 것처럼 말이다. 아이가 부모의 태도에 영향을 받듯 내가 쓰는 글도 내가 읽은 책과 사는 모습에 따라 달라진다고 할 수 있다. 진실한 글, 명쾌한 글, 감동 있는 글, 지식과 지혜가 담긴 글, 누군가에게 영향을 주는 글. 어느 글을 쓰든 그렇게 살았을 때만 쓸 수 있다는 걸 알았다. 진실한 글은 진실한 삶에서, 명쾌한 글은 명료한 생각에서, 지식은 공부하고 지혜는 경험에서 배웠다. 누군가에게 영향을 주려면 나부터 바르게 살아야 했다. 생각해 보면 이런 태도 또한 하루아침에 만들어지거나 완성되지 않는다. 나부터 배우고 실천하고 실패하고 반성하며 끊임없이 실천해야 했다. 우리 삶은 여러 공정을 거쳐 한 번에 완성되는 제품이 아니다. 어제가 실망스러웠다면 오늘 조금 더 나아질 가능성을 갖고 있다. 오늘 쓰는 글이 만족스럽지 않았다면 오늘 조금 더 나은 글을 쓸 가능성 있다. 우리는 어느 한순간에 머물러 있지 않다. 매일 조금씩 스스로 노력한 만큼 성장해 간다. 우리는 시간이 지나면서 생각과 가치관이 달라진다. 시간이 흐를수록 겉모습이 달라지듯 생각도 변하기 마련이다. 그러니 그때마다 쓰는 글 또한 이전과 달라질 수밖에 없다. 완벽한 글을 써내는 게 아니라 처음보다 조금 더 나은 글을 쓸 뿐이다. 삶도 어제보다 조금 더 나은 오늘을 사는 것처럼 말이다.

내 품에서 떨어질 줄 몰랐던 두 딸도 서서히 혼자 하는 게 늘었다. 머지않아 혼자 머리 감고 밥도 차려 먹고 빨래하고 청소도 하게 된다. 언젠가는 오롯이 혼자 서는 날도 올 거다. 혼자 할 수 있는 게 늘었다고 완전히 성장했다는 의미는 아니다. 여전히 배우고 실수하고 다시 도전하는 과정의 연속일 것이다. 수많은 시험을 보고 직장을 옮기고, 직업을 바꾸고, 배우자를 만나 가정을 꾸리고, 엄마가 되기까지 시도하고 도전하는 과정은 반복될 것이다. 그 과정을 통해 차츰 변화하고 성장해 간다. 나는 과정 안에 변화와 성장이 있다고 생각한다. 시행착오를 겪으며 처음보다 조금씩 나아지는 게 내가 생각하는 진정한 변화와 성장이다. 2018년 기대 없이 읽었던 책을 통해 나도 조금씩 성장해 왔다. 새벽 기상을 통해 하루 3시간씩 나를 위해 읽고 쓴다. 매일 글을 쓴 덕분에 책을 낸 작가가 되었다. 글쓰기를 꾸준히 공부한 덕에 책 쓰기 코치로도 활동 중이다. 주어진 하루 동안 내가 할 수 있는 일을 해냈기에 갖게 된 성과다. 과정을 게을리했다면 내가 바라는 변화와 성장은 없었을 것이다.

지금에 이 글을 쓰기까지 몇 번의 시행착오를 경험했다. 주제도 네댓 번 바꿨다. 다른 글보다 곱절의 시간과 노력을 들였다. 쓰고 지우길 반복했다. 반복하면서 조금씩 분량이 늘었다. 중간에 포기했다면 여기까지 쓰지 못했을 거다. 분량을 채웠다고 끝난 게 아니다. 다시 처음부터 읽고 고치길 여러 차례, 읽을 때마다 여기저기 수정했다. 단어를 바꾸고 단락의 순서를 옮기고 문장을 고쳤다. 고치면 고칠수록 처음 쓴 글보다는 나아지는 것 같다. 퇴고를 많이 할수록 글은 좋아진다고 했다. 그래서 퇴고를 '마쳤다'라고 표현하지 않고 '멈춘다'라고 한다. 끝이 아닌 계속의 의미다. 같은 글도 시간을 두고 읽으면 고칠 부분이 또 있기 마련이다. 고칠 부분이 보이는 건 이전의 나보다 조금 더 성장했기 때문이다. 그렇다고 세상을 바꿀 만큼 대단한 글을 쓰는 건 아니다. 단지 단어 몇 개, 문장 조금 달라지는 게 전부다. 눈에 띄지 않는 변화지만 처음보다는 나아졌을 것이다. 그렇게 조금씩 나은 글을 쓰듯 삶도 조금씩 나아질 걸로 믿는다.

쓰면 달라진다

3-4.

독서에 충실한 글쓰기

박지연

신라면, 짜파게티, 안성탕면, 진라면, 육개장은 30여 년이 넘는 역사를 가지며 400여 가지가 넘는 라면 시장에서 상위권을 유지한다. 트렌드의 변화에 따라 특정 성분을 가감하여 세컨드 라인을 출시하기도 하지만 기존 제품의 인기를 능가하지 못한다.

음악 시장도 비슷하다. 8090시대 음악을 리메이크 한 곡들이 넘쳐난다. 우리 또래들은 추억 소환을 넘어 요즘 세대들과 공유할 수 있는 거리가 있어 반갑긴 하나, 변주가 지나치면 원곡을 뛰어넘지 못한다는 평가를 받기도 한다.

드라마나 영화, 책도 마찬가지다. 시청자들의 목소리를 반영해 후속작이 나와도 원작보다 못하다는 평이 심심찮게 들린다.

뭐든 기본에 충실해야 한다. 화려한 모습과 문구에 잠시 흔들리다가도 기본을 찾아 돌아오는 회귀 본능은 글쓰기에서도 마찬가지다.

처음 글을 쓸 때만 해도 잘 쓰고 싶다는 욕심이 앞섰다. '잘'이란 단어가 주는 장벽은 막연했지만, 이름만 대면 누구나 알 수 있는 작가가 되길 바랐다. 글을 잘 쓰기 위한 특별한 비법이나 기교를 찾기 위해 글쓰기 관련 서적 여러 권을 빌렸다. 제목과 달리 독서를 강조하는 글로 빼곡했다. 작가만의 독서 비법도 친절하게 알려 준다. 편독하지 않고, 다양한 장르의 책을 읽으라 했다. 고전, 인문학을 넘어 심리학 서적까지 추천해 준다. 읽고 싶지만, 그 글을 이해하기 위한 능력이 부족해서 읽지 못하는 거라고 책을 보며 답한다. 쉽게 가고 싶은데 자꾸만 둘러 가라 한다.

여러 권의 책을 읽는 동안 작가들의 말에 세뇌당했나 보다. 번화가에 있는 교보문고에 갔다. 베스트셀러, 스테디셀러, 에세이, 자기계발, 시, 문학, 고전, 재테크 등 장르별로 나눠진 매대를 둘러보았다. 의식하지 않고 살았는데 알고 보니 이곳은 책으로 만들어진 홍수가 범람하기 직전이었다. 책장 하나하나 빈틈없이 채워졌다. 화려한 조명들로 어지러웠다. 여기저기서 같은 책이 보이기도 했다. 구매하고 싶은 기준을 잡을 수 없었다. 단순하게 정리하자며 스테디셀러가 놓인 곳으로 갔다. 쓰고자 하는 에세이 부분, 읽고 싶은 소설 위주로 탐색하며 한두 권씩 집어 들었다. 눈에 익숙하거나 표지에 이끌리는 책을 골라 작가, 초판 발행일, 목차를 살폈다. 고민 끝에, EBS 〈다큐프라임〉에서 '생각을 키우는 힘'이라는 주제로 수업했던 박완서 작가의 《그 많던 싱아는 누가 다 먹었을까》를 샀다. 초등 고학년을 대상으로 슬로리딩 수업에서도 활용하는 책이니만큼 엄마로서 먼저 읽고자 했다. 작가의 어린 시절을 담은 자전적 에세이로, 그 시절 향수를 표현하는 문장력이 상당했다. 작가가 써 내려 간 표현을 읽는 동안 머릿속에 장면이 그려졌고, 그 속에 있는 듯 몰입하기도 했다. 이렇게까지 전달하기 위해 얼마만큼의 수고를 했을까 궁금하지 않을 수 없었다. 독자의 입장으로는 재미있지만, 작가의 입장으로는 흉내 내기 쉽지 않았다. 작가만의 비유가 담긴 문체를 닮고 싶어서 빈 노트에 따라 적었다. 나의 어린 시절이 오버랩 되는 장면을 만나면 내 이야기를 담은 글로 재탄생시키기도 했다.

샌드라 거스의 《묘사의 힘》, 이기주 작가의 《글의 품격》, 김종원 작가의 《하루 한마디 인문학 질문의 기적》 등 특정 도서를 선정하여 그들만의 방식을 공부했다. 시적인 표현, 비단결처럼 고운 문장을 읽을 때마다 표현력에 고개가 절로 흔들어졌다. 저마다의 문체는 달랐지만 전하고자 하는 말들은 선명했다. 미사여구와 담백한 표현이 적절히 담긴 문장을 발견할 때마다 노트에 채우기 바빴다.

모든 책이 그랬던 건 아니다. 작년 9월부터 읽기 시작한 조정래 작가의 《태백산맥》은 쉽지 않았다. 계절이 바뀔 때마다 묘사하는 자연의 모습을 읽노라면 자신감이 떨어졌다. 이런 문장을 쓸 자신이 없었다. 작가로서의 종착점이 이 정도 수준이라면 글을 쓰지 못할 것만 같았다. 욕심을 덜어내고 조금이나마 흉내 낼 수 있는 문장만 담아냈다. 여태까지 해 온 방식과는 다른 필사를 시작했다. 잔잔한 울림이 있는 감정 표현, 계절을 묘사한 글을 짧은 문장으로 줄여 옮겼다. 열 권의 책을 읽는 데만 목표를 두었다면 여섯 달이나 걸리지 않았을지도 모른다. 읽을수록 노트에 담고 싶은 문장들이 늘어 갔다. 욕심에 가속도를 더하다 보니, 100장으로 된 A5 노트 한 권을 빼곡히 채웠다.

글을 잘 쓰는 방법을 찾고자 시작한 독서지만 읽을수록 빠져들었다. 읽고 있는 책을 마무리하기도 전, 다음 책을 고르기도 했다. 서점을 나서는 손에는 구매 예정에 없던 도서가 들려 있기도 했다. 책장에는 읽지 않은 책들도 상당 부분 차지하지만 쳐다만 봐도 입꼬리가 올라간다. 읽는 장르도 다양해졌다. 소위 말하는 벽돌 책이나 고전은 매일 20분씩 나만의 속도로 읽으며 한 권씩 완독해 나간다.

책을 보는 새로운 눈도 생겼다. 근래에 읽고 있는 도서들을 보며 분석하기도 했다. 미사여구가 줄어들고, 지나친 꾸밈보다는 간결하고 담담한 문장으로 구성된 글의 비중이 높음이 보였다. 주어와 서술어의 관계가 분명하면서도 짧은 문장은 가독성도 높여 줬다. 어휘에서 막히는 부분도 드물었다. 화려한 묘사 대신 사실적인 문장이 자리 잡았다. 절제된 감정 표현은 도리어 상상을 자극했다. 김호연 작가의 《불편한 편의점》, 김지혜 작가의 《책들의 부엌》, 이민진 작가의 《파친코》, 이슬아 작가의 《가녀장의 시대》, 이석원 작가의 《순간을 믿어요》, 송희구 작가의 《김 부장 이야기》 등이 그랬다. 깔끔하고 군더더기가 최소화된 글을 읽으며 내 삶과 생각이 자연스레 이입되기도 했다. 시간의 흐름을 망각한 채 빠져드는 날도 많았고 다음 페이지의 궁금증을 해소하려

수면 시간을 반납하기도 했다.

뻔한 충고라 치부했던 게 부끄러울 지경이다. 독서가 기본이 되면 어휘력, 문장력, 문해력은 절로 따라온다. 다른 사람의 글을 동해 그들만의 글 쓰는 방식, 문체, 트렌드도 알게 된다. 특정 작가를 억지스레 닮고자 애쓰지 않아도 반복해서 읽다 보면 미세하게 닮아 갈 수 있다. 나만의 문체까지 장착하게 된다면 더할 나위 없을 테고. 글을 잘 쓰기 위해 자의 반, 타의 반으로 시작한 독서. 덕분에 나만의 글 쓰는 방법을 깨치고 있다. 하루 세 번의 식사를 하듯 오늘도 할당한 만큼의 책을 읽으며 머리와 배를 채워야겠다.

3-5.

책 속 한 줄로 하루 비추기

(백란현)

일기는 작가에게 생명이다. 세 자매 독서 기록 및 하소연 창구로 사용했던 블로그가 지금은 나의 일기장이다.

내용적인 방법과 형식적인 방법으로 구분하여 내가 일기 쓰는 방법을 공유하고자 한다. 내용 면에서는 책 속 한 줄로 하루 비추는 글을 쓰는 방법이고, 형식 면에서는 문단 단위로 글의 순서를 바꾸는 방법이다.

전자책 출간 경험 이후 이은대 작가의 전자책을 매일 한 편씩 읽은 적 있다. 목차가 20개라면 20일 동안 책을 읽는다. 한 편을 읽은 후 한 줄 문장을 선택하여 블로그에 옮겨 쓴다. 해당 문장과 관련 있는 오늘의 경험을 떠올린다. 전자책의 목차 몇 번째 글을 읽었다고 첫 문장에 적는다. 일기를 위해 발췌한 한 줄의 문장은 블로그 화면에서 눈에 잘 띄도록, 글씨를 크게 한다. 강조가 필요하다면 문장에 핑크나 빨강 등의 색깔도 더한다.

　　인사 발령을 기다리던 2월에 썼던 일기를 읽어 보았다. 딸들
이 초등학교 다닐 때에는 이왕이면 같은 학교에 근무하고 싶었
다. 공개 수업이나 학예회 등의 행사에는 학부모로서 참관하기는
어렵지만 막내딸이 다니는 학교에서 일하고 싶었다. 한 학교 근
무 기간은 5년이다. 첫째와 둘째는 네 살 차이, 둘째와 셋째는 여
섯 살 차이가 나기 때문에 세 아이와 내가 동시에 같은 학교에 다
니지는 못한다. 두 번이나 근무했고 지금은 옆 학교로 이동했건
만 또다시 막내가 입학할 주석초로 가고자 희망했었다. 인사 발
표를 기다리면서 나는 안절부절못했다. 그때 《가을 쉼표》 전자책
을 읽기 시작했다.

　　'이제부터라도 나의 생각에 관심을 가지고, 이왕이면 미소 지을 수
　있는 생각을 많이 하면 좋겠습니다.
　　인생이 좋아서 좋은 생각을 하는 게 아니라, 좋은 생각을 하면
　인생도 좋아진다는 뜻입니다.'
를 읽었고 나의 상황을 일기로 쓰기 시작했다.

　　인사 이동 결과를 기다리면서 학교를 옮겼을 때 몇 학년을
희망할 것이고 학교를 옮기지 못했을 때 몇 학년을 달라고 할 것
인지에 대한 고민도 가지고 있습니다. 현장 연구 논문을 쓰려면
담임하는 학년도 중요한 조건이 될 것 같거든요. 늘 앞으로의 일
에 대해 생각하고 고민합니다. 계획적인 사람으로 비칠 수도 있

겠지요. 그러나 머릿속만 복잡합니다. 오늘 아침 눈을 떴을 때에도 가장 먼저 떠올린 생각이 '인사 이동 언제 발표 나나'였거든요. 교실을 비워야 하고 학년 마무리도 해야 하니까요. 인사 이동, 그만 생각하기로 했어요. 생각한다고 결과가 바뀌는 것은 아니니까요. 오늘은 오늘에 대해서만 생각해 보려고 합니다.

책 속 한 줄 문장으로 내 삶을 비추는 글을 쓰기 시작하면서 작가로서의 일기 쓰기가 더 이상 숙제로 여겨지지 않게 되었다. 다른 사람이 시키지 않아도 내 이야기를 글로 풀어내고 싶다. 퇴근 시간 교실 컴퓨터를 끄기 전, 30분 시간을 내어 전자책을 읽고 글을 썼다. 한 편의 일기를 발행한 후 작가로서 원고를 마감했다는 가벼운 마음으로 퇴근했다. 책 속 한 줄로 일기 쓰기는 내 이야기를 글로 풀어낼 수 있는 기회였다. 라이팅 코치로서 다른 사람에게 전하고 싶었던 읽고 쓰는 삶, 나도 놓치지 않고 생활한다.

지금도 문장력이 좋다고 생각하지 않는다. 쓴 글을 읽어 보면 여전히 고칠 부분이 많다. 꾸준히 책 쓰기 수업을 듣고 있는 이유다. 작가 공부를 시작하기 전에 써 둔 글을 읽어 보면 얼굴이 붉어진다. 문단 구분도 없었고 횡설수설 하소연 글을 썼던 내가 어떻게 작가의 꿈을 품었을까 싶어 스스로 인색한 점수를 주게 된다.

그럼에도 불구하고 내가 17년째 블로그에 글을 써 오면서 혼자 시도해 본 글쓰기 방법이 있다. 첫째, 손이 가는 대로, 생각의 흐름대로 있었던 일을 글에 쏟아붓는다. 둘째, 다시 읽으면서 문

쓰면 달라진다

단 기준으로 문단 순서를 바꾼다. 셋째, 틀린 글자나 어색한 문장을 바꾼다. 넷째, 글의 제목을 붙인 후 발행을 누른다. 초보 블로그 사용자로서 자주 해 본 방법이었고 생각나는 대로 써 내려 가는 글을 발행하기 전에 문단 기준으로 순서 바꾸는 일은 자주 생긴다. 책을 집필했을 때에도 그러했다. 이러한 방법대로 글을 쓰다 보니 첫 문장을 쓰는 일이 우선 중요하다 싶다.

2011년 6월 24일 블로그 기록을 찾아 읽었다. 출근했는데 교실 뒤쪽에 토한 흔적이 발견되었던 내용으로 이야기가 시작되었다. 그리고 도서관 운영과 독서 행사 업무로 일거리 순서가 나열되어 있다. 일단 경험한 내용을 손이 가는 대로 마구 써 놓고 마지막에는 업무상 바쁘더라도 학급을 챙기자는 식으로 결론이 나 있었다. 첫 줄과 마지막 내용이 개연성은 없어 보이지만 토를 발견한 한 줄 기록 덕분에 그날이 떠오른다. 그 당시 포스팅 글에 오늘 당장 내용을 추가해도 생생하게 기록할 수 있을 정도다. 눈으로 보이는 음식물이 김과 계란이었고 아침밥으로 무엇을 먹고 등교했는지 1학년 학생들에게 은근히 물어본 기억도 난다.

2011년 9월 19일 블로그 글에는 에서 '오늘 엉망'이라는 제목으로 글을 쓴 적이다. 1학년 담임을 하면서 산만한 학급 학생들에게 대한 불평을 늘어놓았다. 글의 첫 문장은 나의 생활 지도에 대한 반성이 시작이다. 아마 이 글을 썼을 당시에는 나에 대한 반성 내용이 첫 문장은 아니었을 터다. 글쓰기를 배웠던 시절은 아니었지만 하소연 글을 써 내려 가다가 마지막에 담임인 나를 되돌아보는 이야기로 마무리되었나 보다. 글의 문단 순서를 바꾼 글이다.

　첫 줄을 쓴다. 생각의 흐름대로 글을 덧붙인다. 마지막에 문장이나 문단 순서를 바꾸어 맥락이 이어지도록 쓴 일기가 내 블로그에 많다. 다른 사람에게 보여 주기 부끄러운 글이라 비공개 처리되어 있지만 이렇게도 글을 써 두었다는 사실이 중요하다고 본다.

　지금은 자이언트 인증 라이팅 코치로서 글과 책을 쓰고 싶은 수강생에게 코치할 수 있는 실력을 가지고 있고, 공부도 계속하고 있다. 코치로서 배운 방법이 아닌 초보 블로거로서 시도해 본 경험을 말하는 이유는 지금 당장 누구라도 글을 쓸 수 있는 방법이라 생각하기 때문이다.

　나의 하루를 기록하는 일에 부담 가지지 않는다. 오늘 있었던 일을 한 줄 기록한 후 떠오르는 문장들을 이어 쓴다. 버릴 칫솔을 이용해 하수구 깊숙이 박혀 있던 머리카락을 모두 끄집어낸 일과 '서운했구나' 문자를 본 순간 마음속에 박혀 있던 감정이 눈물로 펑 터졌던 오늘의 두 가지 경험을 연결하여 두서없는 글을 써 두었다. 그리고 문장의 순서를 바꾸면서 읽고 또 읽어 보는 중이다. 흐름이 어색하다면 문장과 문장의 순서를 변경하거나 앞뒤 문단 배열을 바꿀 수 있다. 쓰고 있는 나의 글도 점차 매끄러운 한 편의 글로 완성되어 갈 것이다. 서툴러도 일단 쓰는 것이 우선이다.

쓰면 달라진다

3-6.

글쓰기, 책 쓰기를 위한 네 가지 제안

$\boxed{서유정}$

글쓰기와 책 쓰기를 하면서 중요하게 여겨지는 부분 많습니다. 가장 중요하다 생각되는 네 가지를 정리했습니다.

첫째, 많이 읽고 많이 써야 합니다. 당연한 이야기지요? 그러기 위해 환경을 만들라고 말씀드리고 싶습니다. 언제든 책을 볼수 있는 환경을 만드는 겁니다. 집에서 옮겨 다니는 장소마다 독서를 할 수 있도록 책을 둡니다. 책상 위에 여러 권 올려 둡니다. 침대 옆, 화장실, 식탁. 책이 눈에 잘 띄게 합니다. 메모지와 펜도 언제든 적을 수 있게 여러 곳에 둡니다. 현실적으로 핸드폰에 메모는 해도 좋습니다. 읽고 떠오르는 생각들은 기록합니다. 적지 않으면 그때의 생생함이 날아가 버려 아쉬웠던 적이 많습니다. 책을 읽고 떠오르는 생각을 메모합니다. 갑자기 떠오르는 아이디어를 모두 적습니다. 책 한 권을 무조건 다 읽어야 한다는 생각은 내려놓아도 좋습니다. 읽기 전부터 부담으로 다가와 책을 펼치기 쉽지 않습니다. 완독의 강박을 내려놓았습니다. 마음이 가벼웠습니다. 책 읽기에 도움이 됩니다. 글이 안 읽힐 때는 목차만 읽어 보는 방법도 있습니다. 병렬 독서법입니다. 책 몇 권을 함께 봅니다. 분야별로 책을 골라 아침에는 자기계발, 육아, 지하철로 이동할 때는 건강, 경제에 관한 책을 읽습니다. 저녁에는 명상 책을 봅니다. 시간을 정해 놓으면 아무래도 리듬을 만들기 쉽습니다. 어떤 방법으로든 많이 읽고 많이 써야 글쓰기 실력이 늘 수 있습니다.

둘째, 매일 꾸준히 써야 합니다. 최근 줄넘기를 시작했습니다. 고등학교 1학년 이후 처음이었지요. 우리 집에 일곱 살 된 아들이 있습니다. 석 달 전부터 태권도장에 다닙니다. 일주일에 세 번은 태권도, 두 번은 줄넘기를 배웁니다. 태권도장 버스를 타고 내리면 곧장 집 앞 놀이터로 뛰어갑니다. 한 시간 동안 줄넘기를 하고 집으로 들어옵니다. 그동안 가만히 기다리기 시간이 아까워 함께 줄넘기를 시작하기로 했습니다. 처음 줄넘기했던 날. 줄넘기가 원래 이렇게 힘든 운동이었나요? 중력에 끌어당김을 제대로 실감했습니다. 다리가 얼마나 무거운지 처음 100개를 넘는 데 줄에 몇 번 걸렸는지 모릅니다. 몸무게 탓, 운동할 시간이 없었던 탓. 세상 모든 핑계가 마음속에서 올라왔습니다. 멈추고 싶습니다. 참고 계속해 봅니다. 200개가 넘어가니 몸이 가벼워지는 느낌이 들었습니다. 점점 자연스럽게 뛰고 있습니다. 처음 시작했을 때 버거움이 힘든 구간을 지나니 생각만큼 힘들지 않습니

쓰면 달라진다

다. 1,000개를 거뜬히 해낼 수 있었지요. 다음날 조금 더 몸이 가볍게 느껴졌습니다. 줄에 걸리는 횟수도 줄었지요. 저녁 일정이 있어 줄넘기를 못 하게 되는 날들이 생겨 버렸습니다. 한 번 흐름이 끊기니 다음날도 쉬어 가게 됩니다. 며칠 후 다시 시작했을 때 처음과 같은 버거움이 찾아왔습니다. 중력에 끌어당김이 더 강해진 것 같았지요. 매일 하지 않으면 처음부터 다시 시작해야 하나 봅니다. 글쓰기도 마찬가지겠지요? 처음 시작할 때 누구나 어렵게 느껴지지요. 내가 할 수 있는 게 맞나 하는 의구심도 들고요. 쓰다 보면 힘든 구간을 지나 자연스레 써지는 순간이 있습니다. 그러다 며칠 쉬어 버리면 다시 처음 쓰는 느낌이 들 겁니다. 무엇이든 마찬가지입니다. 멈추면 처음부터 다시 시작해야 하는 노력이 들어갑니다. 다시 시작하려면 노력과 애씀이 필요합니다. 그만큼 에너지가 쓰이는 법입니다. 그 에너지를 글 쓰는 데 투자하면 좋을 것 같습니다. 글쓰기는 매일 꾸준히 반복해야 합니다. 일정한 시간에 무슨 일이 있어도 쓰는 힘이 필요합니다.

셋째, 글을 읽을 독자를 고려하는 일입니다. 요가 수업을 준비할 때 가장 먼저 할 일은 참여자들을 떠올리는 일입니다. 대상이 직장인이라면, 의자에 앉아 있는 시간이 많겠지요? 앉아 있는 시간이 길다 보면 하체 순환이 어렵다고 이야기합니다. 하체 순환을 위한 움직임에 초점을 두고 수업을 구성합니다. 직장인들은 모니터를 보고 키보드를 두들기는 시간이 많습니다. 이럴 때 흔히 말하는 일자 목, 거북목이 됩니다. 목의 올바른 정렬을 만들기 위한 움직임에 초점을 두고 수업을 구성할 수도 있습니다. 어떤 강의든 참여자들을 떠올리는 건 당연한 일입니다. 하지만 당연한 걸 놓칠 때가 더 많지요. 집에 손님이 온다고 하면, 그가 어떤 음식을 좋아하는지 취향이 어떤지 떠올려 봅니다. 손님을 위한 음식을 준비하고, 집을 정리하고, 선물을 준비하기도 하지요. 상대에게 무엇이 필요한지 생각해 보면, 해야 하는 움직임이 명확해집니다. 창의적인 생각들이 떠오르기도 합니다. 글쓰기도 마찬가지입니다. 글을 읽게 될 독자를 떠올리는 것이 중요합니다. 직장인들이라면 직장 스트레스, 관계에 대한 고민, 일의 성과를 내기 위한 고민이 있을 수 있습니다. 육아하는 엄마라면 육아 스트레스, 육아법, 육아하면서도 자신을 잃지 않는 방법 등에 관심이 있을 수 있겠지요. 독자를 눈앞에 떠올립니다. 그들의 고민, 관심사, 나의 어떤 이야기로 도와줄 수 있을지 고민합니다.

넷째, 마무리는 해피 엔딩. 희망적이면 좋겠습니다. 처음 글을 쓰게 되는 이유는 내 마음이 불편해서였습니다. 누군가에 험담을 늘어놓기도 하고 복수를 위한 다짐을 글로 썼던 적도 있었습니다. 일시적으로 마음에 화가 해소되는 느낌이 들었습니다. 도움이 되었지요. 여기서 멈추지 않고 한 단계 더 나아갈 수 있어야 합니다. 어떻게 하면 이 상황에서 더 좋아질 수 있을지 질문해야 합니다. 답합니다. 이 과정을 통해 변화할 수 있습니다. 불편한 감정이 서서히 녹을 수 있습니다. 마음이 바뀌고 행동이 바뀌며 삶이 달라질 수 있겠지요. 발전할 수 있습니다. 결국 글은 삶을 반영합니다. 글을 통해 내 삶이 더 나아질 수 있는 방향으로 글을 써야 합니다.

넷째, 기술적인 부분을 몇 가지 이야기하고 싶습니다.

1) 문장은 짧게 씁니다. 길게 쓰다 보면 문법이 오류가 생기기 마련입니다. 긴 문장을 읽을 때, 무슨 말인지 이해하기 어려워 다시 읽어 봐야 할 때가 많았습니다. 문장은 짧게 씁니다. 읽는 독자를 배려하는 방법이기도 합니다.

2) 글에 대한 스케치, 낙서가 필요합니다. 노트북이나 종이에 바로 완성된 글을 쓰려고 하면 내가 무슨 말을 하려고 하는지 명확하지 않을 때가 많았습니다. 먼저 연습 종이에 무슨 글을 쓸지 적고 구성해 보면 헤매지 않고 쓸 수 있습니다.

3) 보여 주는 글쓰기를 해야 합니다. '정말 좋았다'라는 표현보다 좋았다는 경험을 했을 때 눈앞에 보였던 장면을 구체적으로 설명해 주는 방법이 좋습니다. 아침에 눈을 떴을 때 에메랄드빛 바다가 펼쳐져 있었습니다. 태어나 처음 보는 바다였습니다. 직접적인 감정을 표현하기보다 눈에 보이고 귀로 들리고 피부로 만져지는, 오감을 사용해 장면을 보여 주는 것이 효과적입니다. 집중해서 읽을 수 있었던 책은 장면이 눈으로 그려지는 글이었습니다.

초보자들에게는 자유로움보다는 원칙을 세우는 것이 중요합니다. 네 가지 방법으로 글쓰기, 책 쓰기에 도움이 되면 좋겠습니다. 읽고 쓰는 삶에 가치를 매일 만들어 갈 수 있습니다.

3-7.

글 쓰는 열세 가지 방법

송주하

글 쓸 때 기억하면 좋은 팁이 몇 가지 있습니다.

첫 번째, 짧게 씁니다. 옛날 책을 보면 유난히 긴 문장이 많습니다. 니체 책인 《반시대적 고찰》은 한 문장이 여섯 줄이 넘어가는 일도 있습니다. 읽다 보면 무슨 이야기인지 헷갈려서 처음으로 다시 돌아가곤 합니다. 찰스 다윈의 《종의 기원》도 마찬가지입니다. 세 줄 정도는 기본입니다. 나중에 알아보니, 그 시대에는 길게 쓰는 게 기본이었다고 합니다. 문장에도 유행이 있구나 싶습니다.

짧게 쓰면 문장이 모호해지는 위험을 피할 수 있습니다. 길게 쓰면 주어와 서술어 연결이 어려워지다 보니 그런 현상이 생겨납니다. 독자들이 읽기 편하도록, 짧고 간결하게 씁니다.

두 번째, 쉽게 씁니다. 초등학생이 이해할 수 있을 만큼이라고 하면 이해가 쉽겠네요. 괜히 어려운 사자성어나 한자어를 쓰는 대신 쉽게 풀어서 씁니다. 가령 '교학상장 할 수 있다'라고 쓰지 말고 '가르치고 배우는 과정에서 스승과 제자가 함께 성장할 수 있다'라고 쓰는 겁니다. 글 읽는 동안 끊기지 않도록 말이지요. 독서에 대한 벽이 생기지 않도록, 글 쓰는 사람들도 신경 써야 하는 부분입니다.

세 번째, 구체적으로 씁니다. '커피숍에서 만났습니다.'라고 쓰기보다는 '약속 장소에 도착했습니다. 지은 지 얼마 안 돼 보이는 건물입니다. 회색 콘크리트 느낌의 건물이고, 총 3층입니다. 통유리로 되어 있어 답답해 보이지 않습니다.' 정도로 상세하게 적어 주면, 독자들이 머릿속으로 그려 볼 수 있겠네요. 구체적으로 쓰면 독자들도 편하지만, 무엇보다 분량을 채우는 데도 도움이 됩니다.

네 번째, 한 꼭지당 하나의 메시지가 있어야 합니다. 예를 들자면 이런 겁니다. 예전에 강의하기 위해 화학 관련 회사에 간 적이 있습니다. 내비게이션에 회사 이름을 검색하니까, 바로 뜹니다. 상세 주소가 있었지만, 바로 검색되어서 그곳으로 향했습니다. 시간이 다 되어 가는데도 사람이 없습니다. 담당자에게 전화 와서 알았습니다. 그 회사는 공장이 두 군데였다는 사실을요. 부랴부랴 짐을 챙겨 2공장으로 갔습니다. 여기까지 한다면 일기에 가깝습니다. 여기에서 독자에게 줄 수 있는 메시지는 '무슨 일이든 정확하게 확인하는 습관이 필요하다.'입니다. 상세 주소까지 꼼꼼하게 확인했다면 당황하지 않았을 테니 말이지요. 한 꼭지당 하나의 주제입니다. 두 개, 세 개 아니고 하나입니다.

다섯 번째, 미리 메모하면 도움이 됩니다. 어떤 주제를 가지고 글을 쓰려고 합니다. 가령 다이어트라고 해 볼까요? 다이어트를 시작한 계기, 물 다이어트, 걷기 다이어트, 다이어트 전후, 메시지 순으로 종이에 끄적이는 겁니다. 이때는 자세하게 적을 필요가 없습니다. 나만 알아볼 수 있는 간단한 메모면 됩니다. 메모하면 이야기가 산으로 가는 일을 방지할 수 있습니다. 끄적인 메모에 살을 붙이는 거지요. 메모에 따라 상세하게 글을 적다 보면 한 편의 글이 완성되는 겁니다.

여섯 번째, 정해진 시간에 쓰는 겁니다. 예를 들어 새벽 6시부터 7시까지는 무조건 글을 쓰겠다고 계획하는 겁니다. 이럴 때는 새벽 6시에 알람을 설정하면 도움 됩니다. 알람이 울리면 습관적으로 컴퓨터 앞에 앉습니다. 매일 꾸준히 반복하면 어떨까 합니다. 시간은 개인의 사정에 따라, 집중이 가장 잘되는 시간으로 정하면 좋습니다.

일곱 번째, 분량 정하기입니다. 내가 최소한 이 정도는 꼭 쓰겠다고 마음먹는 겁니다. A4 용지 1.5매~2매가 한 꼭지의 분량입

쓰면 달라진다

니다. 매일 한 꼭지를 쓰는 건 무리입니다. 하지만 조금씩 나누어서 쓴다면 어느새 분량이 채워져 있겠지요. A4 용지를 하나로 봤을 때, 적어도 하루에 1/4이나 1/2은 쓰는 겁니다. 이 방법 역시 꾸준함이 생명입니다. 한 꼭지를 쓰는 건 힘들지만, 매일 조금씩 쓰는 건 할 수 있을 테니까요.

여덟 번째, 관심을 가져야 합니다. 매일 지나치는 고깃집 간판을 유심히 들여다보세요. 한 번도 눈여겨 보지 않았던 간판입니다. 이 가게는 생긴 지 얼마나 됐을까. 여기 사장님은 어떤 분일까. 처음에 어떻게 고깃집을 시작하게 됐을까. 그러고 보니 저녁마다 손님이 많네. 집 앞에 있는 고깃집이 특별한 의미로 다가올 겁니다. 하나를 지목하는 겁니다. 그리고 계속 생각합니다. 그 고깃집에 대해서요. 꼭 간판이 아니어도 좋습니다. 이 세상은 우리가 관심을 가지고 바라볼 게 차고 넘치니까 말입니다.

아홉 번째, 카페에서 친구에게 수다 떨 듯 써라. 글을 글처럼 쓰지 말라는 의미입니다. 가령 '너의 수면 시간은 어떻게 되니?'라고 물어보지 않습니다. '밤에 언제 자?'라는 식입니다. 대화할 때 수면 시간이라는 말은 거의 하지 않습니다. 일상 용어를 쓰는 거지요. 친구 한 명을 앞에 앉혀 두고, 이야기한다는 마음으로 글을 쓰면 자연스러워지지 않을까 합니다.

열 번째, 글쓰기 템플릿을 이용하는 겁니다. 여기서 템플릿

이란 설계도와 비슷한 역할입니다. 우리가 건물을 짓기 전에 설계도부터 그리잖아요. 글쓰기도 마찬가지입니다. 글쓰기 전에 여러 가지 설계도 중 어떤 설계도를 이용할지 선택하면 도움이 됩니다. 이은대 작가님의 전자책 《글쓰기 템플릿 21》을 추천합니다. 꼭 필요한 구조가 스물한 가지 담겨 있습니다.

열한 번째, 자신의 경험담이 최고의 교훈입니다. 글을 쓰다 보면 자칫 공자님 말씀으로 흐르기 쉽습니다. 행복해야 한다는 둥, 가치 있는 삶을 살아야 한다는 둥 같은 손에 잡히지 않는 이야기할 때가 그러합니다. 이런 말로는 독자의 마음에 닿을 수 없습니다. 부족하더라도, 나만의 이야기가 필요합니다. 과거 우울증에 시달렸던 경험부터 이겨 낸 계기, 지금 힘을 내려고 노력하는 모습을 그대로 보여 줘야 합니다. 그래야 읽는 사람의 마음에도 위로와 용기가 생길 수 있습니다. 뜬구름 잡는 말 말고, 나만의 기억을 솔직하게 쓰는 겁니다. 나와 비슷한 아픔을 겪고 있는 사람에겐, 그보다 큰 위로가 없을 겁니다. 겪어 본 사람이 같은 처지에 있는 사람의 마음을 가장 잘 이해할 수 있는 법입니다.

열두 번째, 군더더기는 빼라. 우리는 습관적으로 글을 쓸 때 수식어를 많이 씁니다. 강조하기 위해서 그런 거지요. 그 남자 정말 잘생겼더라. 이미 잘생겼다는 말을 썼는데, 또 '정말'이라는 수식어를 넣는 겁니다. 한두 번이야 강조의 개념으로 보겠지만, 대부분 이런 수식어는 반복해서 쓰게 됩니다. 진짜, 정말 같은 수식어들은 오히려 글의 진정성에 의문을 가지게 만들 수 있으니 주의해야겠습니다.

　마지막으로, 그냥 쓰는 겁니다. 무언가를 잘하기 위해서는 반복과 꾸준함이 필요합니다. 글쓰기도 매일 꾸준히 반복해서 쓰다 보면 전보다 글 쓰는 실력이 나아집니다. 타고난 사람이 아닌 다음에야, 계속하는 사람을 이길 수는 없습니다. 글 잘 쓰는 방법이요? 그냥 쓰면 됩니다. 작가는 책을 출간한 사람을 뜻하는 게 아닙니다. 작가는 매일 쓰는 사람입니다.

3-8.

강건한 글쓰기

송진설

글쓰기 관련 책들이 많이 나와 있다. 잘 쓰기를 원하는 사람에게 방법들을 많이 제시한다. 여러 권 읽어 보며 공부했지만 여전히 글쓰기는 어렵다. 비법이 따로 있다면 좋겠다. 지금까지 읽은 책을 토대로 내린 결론은 무엇보다 쓰고자 하는 마음이 우선되어야 한다는 것이다. 그 후, 그냥 쓰는 환경 속에 나를 넣으라고 말하고 싶다. 내 마음에 꼭 들지 않더라도 무조건 집어넣어야 한다. 글을 쓰고자 하는 마음만 있다면 어디에도 완벽한 환경은 없다는 걸 받아들여야 한다.

카페에서 글 쓰는 사진을 SNS에서 자주 보게 된다. 사진만 보아도 잔잔한 음악이 들리는 듯하고, 깔끔하고 정돈되어 있는 주변 공간이 상상이 된다. 그런 공간에서 글 쓰고 싶다는 생각이 든다. 하지만 글쓰기는 어디에서 쓰든 쉽지 않다는 걸 알기에 장소가 어디든 상관없다고 말하고 싶다.

쓰면 달라진다

잘 쓰려면 꾸준히 써야 한다는 건 누구나 안다. 못 쓴 글이 차곡차곡 쌓여야 좋은 글이 나올 수 있다는 것도 안다. 잘 쓰려면 우선 써야 한다. 무조건 써야 하기에 나름대로 방법을 찾았다.

나는 세 가지 방법으로 글을 쓰고 있다.

첫째, 새벽 글쓰기이다.

글을 쓰겠다고 마음먹은 후로 새벽 기상을 하고 있다. 나에게 새벽은 마음이 열리는 시간이다. 무엇을 해도 좋을 시간이다. 고요한 새벽이 좋아서 아침이 오기 전까지 나에게 집중하며 글쓰기를 했다. 가장 좋아하는 일이기도 하고 가장 잘하고 싶은 일이기도 하다.

새벽에 글을 쓰면 좋은 점들이 많다. 글쓰기를 방해하는 요소들을 차단하기 쉽다. 새벽에는 전화와 카카오톡, 문자가 오지 않는다. 우리 일상 중에서 스마트폰을 사용하는 시간은 큰 비중을 차지한다. 날씨를 확인하거나 물건을 주문하는 시간을 제외하고도 소통을 위해 소요되는 시간이 상당 부분 차지한다.

아침 이후의 시간이었다. 글을 쓰겠다고 노트북을 열고 키보드 위에 손을 올려놓았다. 전화가 왔다. 간단한 통화이지만 글의 흐름이 끊어졌다. 이후에 카카오톡이 울린다. 그리고 문자 메시지까지 온다. 무슨 내용으로 쓰고 있었는지 다시 처음부터 읽어야 했다. 마지막 문장에서 엔터를 치고 이어서 적는다. 그러다 다시 전화벨이 울린다. 하늘이 어두컴컴해질 때까지 반복되었다.

하루를 마무리하는 시간이 다가오면 전화벨은 울리지 않는다. 조용해진 스마트폰만큼 나에게도 에너지가 남아 있지 않다. 하루를 정리하며 아쉬운 마음으로 잠자리에 든 적이 많다. 새벽을 기다리는 이유가 되었다. 새벽. 혼자만의 시간을 갖는다. 고요함 속에서 키보드 두드리는 소리만 들린다. 내 마음과 내 생각에만 집중하다 보면 화면 속 문장들이 줄줄이 나아간다.

둘째, 한 챕터 독서 후 글쓰기를 한다.

글을 쓰기 위해서는 책을 읽어야 한다. 독서를 하지 않고는 문장을 이어서 쓰는 것이 쉽지 않다. 문맥에 맞게 이어져야 하기에 책을 반드시 읽어야 한다. 글을 잘 쓰고 싶은 마음에 무리하게 독서 계획을 잡은 적이 있다. 하루에 한 권 읽기에 도전한 것이다. 하루도 성공하지 못했다. 좌절했다. 쓰기 위한 독서는 양보다는 질이 중요하다는 것을 알게 되었다. 많이 읽기보다는 제대로 읽어야 한다. 문장 독서를 하며 사색해야 한다. 읽어야 하는 분량을 확 줄였다. 한 챕터 독서를 시작했다. 책 한 권은 하나의 주제를 가지고 있다. 한 챕터에도 마찬가지다.

한 챕터 독서는 매일 읽는 쪽수와 시간이 달라진다. 하지만 하나의 주제를 온전히 읽어 낼 수 있다. 한 챕터 독서를 한 후에 생각해 본다. 작가는 어떤 메시지를 주고 싶었던 걸까. 생각을 정리하며 적어 본다.

글을 쓸 때도 한 챕터를 읽었던 것처럼 하나의 주제만 가지고 쓴다. 명확하게 독자에게 전해야 한다. 메시지가 없는 글을 읽은 독자는 작가의 의도를 분명하게 알지 못할 것이다. 책을 쓰는

쓰면 달라진다

이유는 독자에게 전하고자 하는 이야기가 있기 때문이다.

셋째, 함께 글쓰기이다.

글쓰기는 천천히 해야 한다. 오랜 시간이 걸리더라도 지치지 않고 나아가야 한다. 그러기 위해서는 함께 글 쓰는 것이 좋다. 나는 두 아이와 함께 글을 쓰고 있다. 아이들이 글을 쓸 때 격려하고 응원해 준다. 11살 딸과 14살 아들과 함께 글을 쓰면서 좋은 점들이 한두 가지가 아닌 걸 알게 되었다. 우선 본보기가 되려고 노력한다. 아이들이 바라보는 모습이 긍정적으로 보이도록 한다. 글이 잘 안 써진다며 불평불만 하지 않는다. 언제나 키보드를 두드릴 때는 집중하는 모습을 보이게 된다. 글을 쓰는 것이 스스로 많은 성장을 하게 된다는 것을 말하지 않아도 전해지길 바라고 있다.

함께 글을 쓰며 아이들의 생각을 많이 듣게 된다. 두 아이는 글을 쓰기 시작하면서 질문이 많아졌다. 글감을 수집할 때도 조언을 구한다. 그럴 때면 반가운 마음으로 이야기를 나눈다. 지난날을 떠올리며 글을 쓸 때에는 그날의 기억을 되살리기 위해 많은 대화를 하게 된다. 잊고 있던 추억들이 되살아나면서 웃게 된다. 미처 몰랐었던 소소한 감정들도 듣게 된다. 함께 글을 쓴다는 이유로 더욱 가족애가 돈독해졌다.

글쓰기를 함께 하며 같이 하고 있는 활동들이 있다. 그림책 읽기와 소설책 읽기, 시 낭독, 노래 가사 살펴보기 등이다. 아침 등교 전 남매는 그림책을 읽는다. 아이들이 등교 후 그 그림책을 나 또한 읽는다. 틈나는 대로 감상을 나눈다. 어린 시절부터 자주

했던 활동이지만 글을 쓰며 놓치지 않고 꾸준히 하려고 한다. 소설책도 함께 읽는다. 소리 내어 돌아가며 읽을 때도 있다. 각자 다른 책을 선택해서 읽을 때도 있다. 읽고 나면 요약을 하고 주제를 찾아보고, 마음에 드는 한 문장을 찾는다. 왜 그 문장이 마음에 들었는지도 이야기를 나눈다. 저녁이면 시를 낭독하기도 한다. 글을 쓰며 시에 대한 공부가 필요하다는 것을 느꼈기 때문이다. 리듬감 있는 표현도 배울 수 있다. 비유법에 대해서도 많은 공부가 된다. 서로 시를 낭독하며 감상에 빠지기도 한다. 노래를 따라 부르며 가사에 감성을 실어 보기도 한다.

같은 관심 분야가 있다면 함께 나누며 글쓰기로 확장할 수 있다. 혼자이기보다 함께일 때 더 많은 시너지 효과를 가져온다.

새벽 글쓰기, 한 챕터 독서 후 글쓰기, 함께 글쓰기를 통해 지치지 않고 글을 써 나가고 있다. 누구에게나 좋아하는 방식이 있을 것이다. 인생에 정답이 없듯이 글쓰기에도 정해진 답, 정해진 길은 없다고 본다. 그렇기에 스스로 찾아야 한다. 어떤 방식을 추구했을 때 창의력을 발휘하며 글을 쓸 수 있는지. 어느 시간에 썼을 때 몰입이 더욱 잘 되는지. 즐겁고 행복한 글쓰기를 위해 끊임없이 발견할 수 있어야 한다.

'강건하다'를 국어 사전에서 찾아보면 의지나 기상이 굳세고 건전하다는 뜻이다. 또한 필력이나 문세가 강하고 씩씩하다는 뜻이 있다. 글쓰기를 하는 자세는 강건해야 한다. 굳센 의지를 가지고 글을 씀에 있어서 강하고 씩씩해야 한다. 글쓰기에 대한 나름의 관점을 가지고 깊이 통찰하며 글쓰기를 이어 가길 바란다. 지금부터 내면을 들여다보며 자신의 목소리를 들어 보자. 나만이 가지고 있는 글쓰기 방법, 그것이 정답이다.

3-9.

환상과 환장 사이

안지영

글쓰기를 위해 연필을 잡으면 설렌다. 나도 몰랐던 생각과 마음이 연필 끝에 나타나기 때문이다. 산성과 염기성에 반응하는 리트머스 종이처럼 나의 글도 감정에 따라 다른 색으로 나타난다. 글쓰기는 환상적인 색으로 종이에 스며든다. 글로 쓰면 납작했던 일상이 빵빵해진다. 세상이 새롭게 보이고 글 쓰는 자신이 대단해 보이기까지 한다. 글쓰기는 환상적이다.

처음 글을 쓰려고 책상에 앉으면 무슨 글을 써야 할지, 제목은 어떻게 지어야 할지 번뇌가 시작된다. 지금도 그러하다. 손에 잡히는 머리숱이 점점 적어진다. 입술은 트고 피부도 푸석하다. 모니터 속 글자를 쫓는 눈동자와 손가락만 생기 있게 움직인다.

글쓰기를 좋아해도 매번 잘 써지는 건 아니다. 글은 야생마와 비슷해서 길들여야 쓰기가 수월해진다. 어떻게 길들여야 할

쓰면 달라진다

까? 야생 동물을 길들일 때 밥 주는 시간과 훈련하는 시간을 일정하게 지키듯이 글 쓰는 시간을 정하고 쓰면 좋다. 익숙하지 않은 행동을 습관처럼 바꿔야 한다. 쓰는 시간을 내고 쓸 수 있는 공간을 마련하는 것만으로도 반은 성공이다.

살아가는 시간이 늘 좋지만은 않다. 어떤 날은 하염없이 비가 내려 질퍽한 길을 걸어야 할 때도 있다. 이런 길 위에 글을 쓰면 누군가에게는 마른 길이 될 수 있다.

글쓰기가 낯설고 두려운 사람들에게는 그 시간이 온몸을 비틀어 짜내는 고통이다. 좀 더 편안하게 쓸 방법을 계속 찾아야 한다.

글은 어떻게 써야 할까? 나의 글쓰기 방법, 세 가지를 소개해본다.

첫째, 맨얼굴로 써라.

많은 사람이 좀 더 멋진 글을 쓰기 위해 사전 조사를 많이 한다. 유명한 작가들의 책을 기웃거리거나 베스트셀러 책만 뒤적거린다. 글을 쓸 아까운 시간이 지나가 버린다. 나의 내면을 들여다볼 시간이 줄어들었다. 글 쓸 시간도 줄어들었다. 아까워 미치겠다.

'어떻게 하면 멋지게 써서 읽는 사람들이 감동할까?'만 생각하다가 내용보다 기교만 생각하는 실수를 저지른다. 그건 좋은 글이 아니다. '가면'이다. 내 생각을 있는 그대로 쓰면 되는데 내 글 위에 무언가를 얹고 또 얹는다. 내 글에 대한 자신이 없고 자존감이 없어서일까. 화장으로 비유하자면 과하게 '떡칠'을 한 것이다. 결점을 감추다가 누군지 몰라보는 '변장'이 된다. 본모습을 잃어버린다. 이렇게 쓴 글은 '글맛'이 안 난다.

어깨선을 과하게 살리는 '어깨 뽕'처럼, '글 뽕'을 넣고 싶어 한다. 당당함이 부족하다. 나 또한 그랬었다. 나 자신 자체가 명품인 것을 빨리 발견해야 한다. 지나 보니 이렇게 두려워할 이유가 없었다. 독자는 작가 '그대로'의 모습을 읽고 싶어 한다.

두꺼운 화장을 지우고 모공이 보이는 나만의 '민낯'으로 써 보자. 별거 아니다. 글이 오히려 산뜻해진다. 여러 번 읽어도 질리지 않고, 글 쓴 마음을 오롯이 느낄 수 있다. 자기가 쓴 글에 대한 '사랑'과 '자부심'만 있으면 된다.

둘째, 누군가를 도울 수 있는 글을 써라.

글 쓰는 목적이 무엇인가? 자신에게 물어보면 답이 나온다. 책을 내기 위해서 쓰는가? 유명해지기 위해서 쓰는가? 어떤 독자를 생각하며 쓰는가? 우선 나의 어떤 이야기가 다른 이에게 도움이 될지 찾는다.

처음엔 내 마음을 드러내기 위해 글을 쓰려고 했다. 숨겨 온 것을 시원하게 꺼내고 싶었다. 점점 눈치가 보였다. 쓴 글을 여러 차례 지우고 다시 썼다.

'남들보다 못 쓰면 어쩌지?', '창피당하면 어쩌지?' '이렇게 쓰는 게 맞는 건가?'

다 쓸데없는 생각이었다. 내 경험이 다른 이에게 도움이 되고자 하는 마음만 있으면 된다.

우리 모두 그러하지 않았는가. 실패하고 다시 일어설 수 있을지 자신이 없어서 다른 사람의 성공담만 찾아 헤맬 때가 있었다. 다른 사람의 글을 읽고 나만 실패한 게 아니라고 위로받는다. 나도 저들처럼 다시 일어설 수 있다고 마음을 먹는다.

'나만 힘든 게 아니었구나. 다른 사람도 비슷하구나.'

'저 사람도 일어섰으니 나도 힘내 보자.'

넘어진 누군가가 다시 일어설 수 있도록 돕는 것이 글 쓰는 목적이다. 이것이 글 쓰는 사람의 의무고 가치다. 글 쓰는 손가락은 뻐근해야 한다. 그래야 손가락의 울퉁불퉁한 굳은살이 예뻐 보인다.

셋째, 끝까지 견뎌 내라.

글 쓰다 보면 가고자 하는 방향과 반대로 가는 경우가 있다. 쓰고 지우기를 반복하며 밤새워 쓴 글이 마음에 안 드는 경우도 많다. 글쓰기가 힘들어 그만 쓰고 싶은 마음이 굴뚝같아도 참아야 한다. 쓴 글을 빡빡 찢고 싶어져도 멈추면 안 된다. 이럴 때일수록 견뎌 내야 한다.

뜨거운 목욕탕 속에 발가락을 넣었다가 기겁하는 나에게 엄마는 '조금만 더 견디면 참을 만하다.'고 하셨다. 안 써진다고 자리를 박차고 나가면 안 된다. 계획한 대로 되지 않는 일이 어디 한두 가지인가. 글쓰기에 포기란 없다.

어릴 적, 처음 글 배울 때를 기억해 보자. 능숙하지 못했다.

아기가 처음부터 걷지 못한다. 배밀이하고 기어다니다가 짚고 일어서고 한 발씩 걷는다. 그 순서를 잊으면 안 된다.

초고를 시작하는 것도 쉽지 않다. 처음부터 글이 술술 나올 수 없다. 분량에 맞게 쓰는 것도 힘에 부친다. 초고가 완성이 아니기에 수십 번의 퇴고를 하며 끝없는 다듬기를 한다. 이 모든 과정을 끝까지 견뎌 내야 한 권의 책이 나온다. 마치 용광로의 뜨거운 온도를 견뎌 내고 단련된 강철처럼 말이다.

어디가 시작이고 끝인지 모르는 엉킨 실타래를 색깔별로 풀어 나가는 과정이 글쓰기다. 내가 살아 낸 삶을 뜨개질하듯 글로 써 내려 가면 '인생 목도리'가 완성된다. 누군가의 시린 목을 따스하게 감싸 주고 때론 시련을 이겨 낼 수 있는 힘을 준다. '털목도리' 같은 글을 써 보자. 당신의 글 덕분에 누군가의 영혼이 따뜻해질 것이다.

글을 쓰고 싶은 마음은 환상으로 시작된다. 글을 쓰다 보면 마음대로 잘 써지지 않는다. 정상이다. 밤이 하얗게 타들어 가기도 한다. 속이 뒤틀릴 것 같은 환장도 여러 번 만날 수 있다. 내가 쓴 글이 누군가에게 도움이 된다면 그 쓰는 과정 중에 뒤집혔던 속이 가라앉는다. 이런 과정 끝에 글이 맺히는 것이다. 누군가를 위한 글을 쓰다 보면 모든 상처가 반짝이는 진주알로 가득 찰 것이다.

쓰면 달라진다

3-10.

꽤 글 잘 쓴다는 소리를 듣고 있습니다

원효정

"어쩜 그렇게 글을 잘 씁니까?"
"얼마나 써야 작가님처럼 글을 쓸 수 있게 되나요?"

처음에는 나 듣기 좋으라고 하는 말인 줄 알았습니다. 한두 사람이었다면 그렇게 생각하고 말았겠지요. 글을 쓴 지 4년, 꽤 많은 수의 독자에게서 비슷한 질문을 받았습니다. 얼마 전 진행한 책 쓰기 무료 특강에 134명의 예비 작가들이 참석했습니다. 온라인 강의였기에 주로 채팅창을 통해 수강생들과 소통했지요. 채팅에 올라온 글 중 상당수의 글 대부분이 위 질문들이었습니다. 이쯤 되자 착각은 자유라고, '내가 진짜 글을 잘 쓰는 건가' 싶을 때도 있습니다. 꽤 글을 잘 쓴다는 소리를 듣고 있지만 정작 나는 글을 잘 쓴다기보다 글을 잘 편집하는 사람이라고 생각합니다. 잘 쓰기보다 잘 읽힌다고 표현하는 게 더 어울리겠습니다.

책 쓰기와 글쓰기가 다르다고 생각하지 않습니다. 블로그라는 공간에 쓰는 글이나 한글 파일을 열어 쓰는 글이 다르다고 생각하지 않습니다. 어디에 쓰느냐는 중요하지 않습니다. 글을 쓰는 것은 작가지만 글을 읽는 것은 독자입니다. 독자가 읽기 편하고 쉬운 글이 좋은 글이라고 생각합니다. 블로그에 쓴 글이건 종이 위에 쓴 글이건 한글 파일에 쓴 글이건 다 독자가 존재하는 글이니까요. 그런 의미에서 봤을 때 내가 쓴 글은 잘 썼기 때문이 아니라 잘 읽히기 때문에, 독자들이 내게 글을 잘 쓴다고 이야기하는 겁니다.

잘 읽히는 글은 어떻게 써야 할까요? 다음의 네 가지를 글쓰기에 적용해 보면 좋겠습니다.

첫째, 지금 이 글이 도대체 무엇을 말하려는 것인지 명확히 파악할 수 있어야 합니다. 그러려면 문장의 길이가 짧아야겠지요. 짧은 문장은 독자가 읽다가 방향을 잃지 않도록 해 줍니다. 마라톤 코치는 마라톤 선수가 달릴 때 함께 뛰면서 크게 소리칩니다. 자세히 들어 보면 코치는 골인 지점을 말하지 않습니다. 바로 앞 전봇대, 50m 앞 우체통을 말하죠. 거기까지만 가 보자며 소리치는 코치는 선수가 42.195km를 완주하는 데에 도움을 줍니다. 운전할 때 목적지를 입력한 후 출발하면 내비게이션은 모든 길을 한 번에 알려 주지 않습니다. 300m 앞에서 우회전, 1km 앞에서 지하 차도라고 알려 주지요. 숨을 참고 물속에 들어가면 산소 없이 오래 버티기 어렵습니다. 물 밖으로 나와 숨을 쉬고 다시 들어가야 하지요. 물속에 들어가 있는 시간이 짧을수록 숨 쉬는 것은 더욱 편해집니다. 짧은 문장은 독자에게 그러한 역할을 해 줍니다.

둘째, 꾸미는 말을 많이 쓰지 않습니다. 저 역시 쉽지 않았습니다. 꾸미는 말을 쓰지 말아야겠다고 생각하면서도 글을 쓰다 보면 어느새 그렇게 쓰더라고요. 되도록 쓰지 않으려 노력은 하고 있습니다. 퇴고할 때 특히 신경 쓰는 부분이기도 합니다. 문장을 꾸미지 않아도 예쁩니다. 꾸미지 않으면 문장을 짧게 쓰는 데 도움이 됩니다. 학창 시절 여드름 난 얼굴이 보기 싫어 화장을 하고 싶어졌습니다. 엄마 화장품을 몰래 가져다가 칠해 보았지요. 꾸미는 방법조차 몰라 그저 덕지덕지 칠하기만 했어요. 어색하기 짝이 없었습니다. 마흔세 살이 되고 난 지금, 10대 여학생들의 모습을 보면 그저 풋풋하고 예쁩니다. '너희들은 꾸미지 않아도 예쁘다'는 어른들의 말씀이 이제야 조금은 이해가 갑니다.

셋째, 덩어리로 뭉쳐 보여야 합니다. 글을 읽을 때 글자 하나씩 눈에 담는 것 같지만 사람 시야의 범위는 생각보다 넓습니다. 글자 하나만 눈에 들어오지 않아요. 글자 하나씩 따라가며 읽는 것은 눈이 쉽게 피로해집니다. 글이 소주제 중심으로 뭉쳐있으면 의미를 파악하기 쉬워집니다. 이를 글쓰기에서는 문단이라고 표현합니다.

몇 개의 문장이 모여 하나의 중심 생각을 나타내는 글의 부분. 완결된 생각을 담은 문장들이 모여서 하나의 중심 생각을 나타내는 덩어리를 문단이라고 합니다. −천재학습백과 초등 국어 용어 사전 중에서−

밀가루는 가루로 흩어져 있을 때보다 뭉쳐졌을 때 그 쓰임이 더 많아집니다. 다양한 모양으로 재탄생하지요. 다만 나에게 있는 밀가루를 모두 뭉쳐 하나의 큰 덩어리를 만드는 것보다 쓰임에 맞게 필요한 양만큼 뭉쳐 만들어야 적절한 음식을 만들어 낼 수 있습니다. 문단의 단위로 글을 덩어리지게 쓰면 독자에게 글맛을 제대로 보여 줄 수 있게 됩니다. 빽빽하게 쓰고 싶은 글을 모두 쏟아 내기보다 문단 단위로 덩어리지게 뭉쳐 쓰세요.

넷째, 쉽게 써야 합니다. 스승은 '초등학생이 읽어도 이해할 수 있게 써야 한다.'고 했습니다. 어려운 단어 일색인 글은 작가의 지식을 뽐낼 수는 있어도 독자에게 와닿지 않는 글이 되지요. 내 글을 읽는 모든 독자가 내가 알고 있는 지식을 다 알지 못하기 때문입니다. 내가 독자에게 전하고자 하는 메시지를 쉬운 단어로 표현하세요. 습관처럼 어려운 단어가 튀어나오더라도 좀 더 쉬운 말은 없을까 고민하십시오. 내가 전하고자 하는 메시지를 어떻게 하면 독자에게 닿을 수 있도록 쓸 수 있을지 생각하는 행위 자체가 독자를 위한 글을 쓰고자 하는 마음입니다. 이해하기 쉬운 글은 읽기 쉬워집니다.

쓰면 달라진다

꽤 글을 잘 쓴다는 소리를 듣고 있습니다. 작가가 되는 것이 막연히 꿈이던 나에게 과분한 칭찬이라고 생각했습니다. 생각의 바닥에는 몇몇 유명한 작가들이 있었나 봅니다. 유명한 작품을 쓴 작가여야 한다고 생각했던 모양입니다. 내가 감히 어떻게 그런 작가가 되겠느냐며 나 자신을 많이 낮춰 생각했습니다. 때로는 그게 '겸손'이라고 생각했지요. 아니었습니다. 내 글을 읽은 독자가 나에게 그렇게 이야기한다면 그게 맞는 말이었습니다. 글을 쓰는 것은 작가인 나지만 글을 읽는 것은 독자이기 때문입니다. 내 글을 읽은 독자는 내가 전하고 싶은 메시지를 잘 읽었습니다. 잘 읽히는 글을 썼기 때문에 과분하다고 생각한 그 말을 들으며 사나 봅니다. 글을 잘 쓰고 싶나요? 독자가 잘 읽을 수 있게 도와주세요. 글을 쓰는 사람은 작가니까요. 잘 읽히는 글을 쓰려 노력한다면 어느덧 이 글을 읽는 당신도 꽤 글을 잘 쓴다는 소리를 듣게 될 겁니다.

3-11.

매일 반복하는 작은 습관, 쓰는 힘이 생겼다

 이현주

"언제 시작할 거야?"

"하고 있지. 지금은 아니야. 아직 준비가 덜 됐어."

"준비는 언제까지 하는 거야?"

"내가 어떻게 아냐. 뭐, 이래저래 하다 보면……. 그러다 보면 하겠지."

늘 핑계를 대느라 바빴다. 없는 핑계도 만들었다.

시작하는 건 무섭지 않았다. 감당할 수 없을 만큼의 목돈이 들어간다거나, 입시 공부 하듯 몇 년을 꼬박 투자하는 게 아니라면 뭐가 그리 걱정인가. 그런데 결과가 두려웠다. 내가 바라는 만큼의 성과가 나오지 않을까 겁났다. 그만큼 간절히 원하고 바랐던 탓이다. 글쓰기도 그랬다. 누군가가 내 모니터 화면을 보고 있는 것도 아닌데 주저했다. 나만 보는 내 글인데도 걱정이 태산이었다. 글쓰기, 책 쓰기 강의를 들으면 활활 타올랐다가 스스로 부은

찬물에 열정이 사라졌다. 마음도, 결심도 오래가지 않았다. 왜 이럴까. 뭐가 그리 부담될까. 두려워하는 나를 이해해야 했다. 결국 잘 써야 한다. 잘 쓰고 싶다는 욕심이 글을 쓰지 못하게 만들었다.

욕심을 버리자. 어떤 일이든 처음은 있다. 첫발을 떼야 걸을 수 있고, 뛸 수 있게 되는 거다. 물도 100도가 돼야만 끓는 거지 99도에서는 끓지 않는다. 초보자에게는 기술을 배우고 익히는 절대량의 시간이 필요한 거다. 나는 왕초보다.

초보라서 유리하고 좋은 건 뭐가 있을까, 생각했다. 예를 들어 같이 일을 하는 누군가 실수를 했다고 치자. 그런데 그 사람이 초보네? 그렇다면 그 사람에게 뭐라고 할 것인가. 처음이니까 실수할 수 있고, 초보니까 틀릴 수 있다고 위로하고 응원할 거다. 타고난 재능이 뛰어난 사람이라면 모를까 처음부터 잘하는 사람은 거의 없으니까. 그렇게 생각하니, 마음이 좀 편해졌다. 그래, 나는 초보다. 글을 잘 쓰고 싶은 욕심이 있는 초보. 그렇다면 글을 잘 쓰려면 어떻게 해야 하지? 뭘 하면 잘 쓰게 될까? 책 쓰기 강의와 책, 유튜브에서 들었던 방법을 나만의 습관으로 만들어 보기로 했다.

글을 잘 쓰기 위한 습관 만들기. 더도 말고 덜도 말고 딱 세 가지만 해 보자, 결심했다.

첫째, 책을 읽자. 글을 쓰는 작가라면 누구나 독서를 강조한다. 작가는 하루 이틀에 만들어지는 게 아니다. 피카소처럼 천재적인 화가도 70세가 넘어서까지 다른 화가의 그림을 모방했다고 한다. 거장 피카소가 왜 다른 화가의 그림을 모방했을까. 모방하면서 그림을 재해석하고, 자기만의 창의적인 주제를 만들어 냈다고 한다. 그러니 작가가 되겠다고 마음먹은 나는 다른 작가의 글을 많이 읽어야만 했다. '독서'는 선택이 아닌 '필수'다. 우선 읽기위한 환경을 만들었다. 책상 위, 차 안, 식탁 등 자주 이용하는 공간 어디든, 손을 뻗어 잡을 수 있는 위치에 책을 놓았다. 시간이 나면 잠깐이라도 읽었다. 짧게는 한 단락, 길게는 한 편 정도를 읽었다. 점차 익숙해졌다. 가방에도 넣고 다녔다. 그렇지 못할 때는 교보문고 앱(application)을 이용해 전자책을 읽었다. 하지만 핸드폰은 여는 순간 동영상, 메시지, SNS의 유혹을 떨치기 어려웠다. 유혹에 넘어가 딴짓을 한 경험이 많았다. 그래서 가능하다면 책을들고 다녔다. 의도적으로라도 책을 집었다. 그리고 서너 권을 동시에 같이 읽었다. 소설을 읽다가 집중이 떨어지면 자기계발서를읽고, 자기계발서를 읽다가 지루하면 에세이를 읽었다. 이해하기 어려운 책은 재미있는 책과 같이 읽었다. 다소 산만한 독서법으로 보일 수 있지만 지루하지 않게 책을 읽는 데 도움이 됐다. 뿐만 아니라, 독서량을 늘리는 데 도움이 됐다. 책을 읽으니 작가의 시선과 생각, 다양한 표현을 배울 수 있었다. 그리고 문법을 익히는데도 도움이 됐다. 기억해야 한다는 부담을 갖는 대신, 반복해서 읽어야겠다고 생각했다.

둘째, 책을 읽으며 마음에 드는 문장에 밑줄을 그었다. 밑줄을 그은 페이지에 작은 포스트잇을 붙였다. 시간이 지나 다시 읽을 때는 포스트잇을 붙여 둔 페이지를 집중적으로 읽었다. 전에 읽었던 느낌과 다시 읽었을 때의 느낌은 비슷한 듯 달랐다. 내가 왜 이 문장에 밑줄을 그었을까. 생각하는 재미도 있었다. 그리고 독서 노트를 준비해 문장을 그대로 옮겨 적었다. 처음엔 책의 여백에 떠오르는 생각과 느낌을 썼다. 그러다 보니 쓸 때는 좋았는데, 그 책을 다시 펼쳐 보지 않으면 무슨 생각을 하면서 읽었는지 도통 기억나질 않았다. 하루에 한 문장이라도 필사했다. 그 문장이 왜 마음에 드는지, 왜 끌렸는지 짧게라도 이유를 썼다. 두서없는 글, 말이 안 되는 글이지만 그냥 썼다. 읽어 보면 민망했지만 그래도 썼다. 몇 달을 반복해 쓰면서 적절한 단어를 찾으려 애썼다. 내 생각과 감정을 잘 나타낼 수 있는 표현은 뭐가 있을까. 고민했다. 한 줄, 한 줄 늘어나는 글을 볼 때마다, 채워지는 노트를 볼 때마다 오늘도 해냈다는 작은 성취감을 느낄 수 있었다.

마지막으로 메모하는 습관을 기르는 것이다. 메모가 좋은 것은 알고 있었지만, 습관으로 만드는 게 어려웠다. 갑자기 좋은 생각이 떠올라도 메모지에 적는 걸 잊었다. 수첩을 챙기지 못하는 경우도 종종 있었다. 잊지 않기 위해 반복해서 중얼거렸다. 하지만 종이를 꺼내고 펜을 드는 순간, 머리가 하얘졌다. 생각이 안 났다. 결국엔 다 잊었다. '아! 메모가 정말 중요하구나.' 우선 포스트잇과 작은 수첩을 준비했다. 잘 나오는 펜도 챙겼다. 유튜브를 보다가, 대화를 나누다가, 통화를 하다가 문득 떠오르는 생각을 썼다. 눈에 띄는 물건, 사람, 장소, 그때그때 감정과 느낌을 단어로 썼다. 간단하게만 써 놓아도 정리를 하려고 꺼내 보면 무엇 때문에 적었는지 기억이 났다. 단어와 단어를 연결해 문장도 만들어 봤다. 메모지나 수첩이 없을 때는 핸드폰에 녹음했다. 처음엔 내 목소리가 낯설어 말하는 것도 듣는 것도 어색했다. 하지만 반복해서 말하고 듣다 보니 조금씩 익숙해졌다. 운전 중이나 이동 중에는 보이지 않는 상대와 대화를 하듯 이야기를 할 수 있었다. 소리 내어 말을 하니 조리 있게 생각을 표현하는 연습도 됐다. 녹음하는 것도 꽤 괜찮은 방법이라 생각했다. 요즘엔 네이버 클로바 노트를 이용해 녹음한 내용을 한글 파일로 바로 변환, 저장이 가능하다. 주변의 소음이나 발음 때문에 잘못 변환된 글자만 수정하면 그대로 사용할 수 있다. 편리한 세상이다.

독서, 문장 쓰기, 메모하기 세 가지 방법을 반복하고 있다. 그렇다고 갑자기 글을 잘 쓰게 되는 건 아니다. 가랑비에 옷 젖기를 기다리고 있다. 매일 할 때도 있지만 그렇지 못할 때도 있다. 하지만 아무리 바쁘고 아파도, 셋 중 한 가지는 무조건 한다. 이 방법들은 빨리 글을 잘 쓰고 싶다는 욕심으로 가득 찬 마음을 잠재우는 특효약이다. 처음부터 잘할 수는 없다. 어제보다 조금 나은 글을 쓰기 위해 꾸준히 읽고 쓰는 것. 그것 외에 답은 없다. 작가들이 입을 모아 글을 잘 쓸 방법에 대해 계속 알려 줬다. 알면서도 실천하지 않았던 나는 이제야 깨달았다. 지름길은 없다. 그냥 쓰고 또 썼더니 잘 쓰게 됐다는 답이 있을 뿐.

3-12.

주차와 출차

정은주

　아이를 낳은 뒤 절망에 빠진 적이 있었다. 시어머니 생신 선물을 사러 울산의 백화점에 갔다. 울산 지리도 익숙하지 않은 나는 백화점도 낯설게 느껴졌다. 명절도 아닌데 백화점 주차장은 만원인지 지하로 내려가라는 손짓을 보길 여러 번 한 후 주차장에 들어섰다. 입구와 가까운 곳에 주차할 곳이 없어서 돌다가 한 자리 남은 곳에 차를 세웠다. 엘리베이터를 타고 올라가 몇 번 들었다 놨다 하면서 어머니 선물을 샀다. 출출하기도 하고, 커피도 마시고 싶어서 지하에 내려가 간단하게 먹고 일어섰다. 기분 좋게 엘리베이터를 탔는데, 문제는 거기서부터 생겼다. 아무리 생각해도 몇 층에 주차했는지 기억이 안 났다. 지하 3층까지는 기억나는데 거기서 한 층을 더 내려가는지 가물가물했다. 일단 지하 4층에 내려 한 바퀴 돌았다. 발뒤꿈치를 들어 차 키로 주차장 끝까지 눌러 봤지만 반응하는 소리가 없었다. 계단으로 한 층을 더 내려왔다. 결국 나는 한 번 더 내려간 뒤 그것도 두 번이나 돌아서 겨우 차를 찾았다. 차 키를 꽂고 시동을 켜는데 손바닥에 땀이 맺혀 있었다.

　그날 저녁 남편은 나를 안주 삼아 어머니 생일 파티를 했다. 어떻게 하면 주차한 곳을 모를 수 있냐며 놀려 댔지만 대꾸할 수가 없었다. 도무지 기억이 나질 않았기 때문이다. 오랜만에 백화점에 간다고 들떠 있었던 것도 다분히 있었지만 무엇보다 아기를 낳은 후에 기억력이 급격히 떨어졌다는 것을 인정하기 싫었다. 둘째를 낳은 후에도 비슷한 일은 몇 번 있었는데, 그때는 웃으면서 넘어가는 여유가 생겼다.

　아버지 주차장에서의 일이다. 퇴근하려는데 차 한 대가 남아 있었다. 예식장은 이미 모두 문을 닫을 시간인데 차 주인이 나타나지 않았다. 차만 두고 퇴근할 수 없어서 남겨진 전화번호로 전화를 했다. 전화를 받은 여자는 깜짝 놀랐다. 예식장에 오면서 차를 주차하고 예식을 보고 난 후 친척들 차를 타고 멀리까지 갔다는 것이다. 주차한 것을 깜박 잊은 것이다. 나보다 심한 경우다. 나는 그래도 주차한 것은 기억하니까. 차 주인도 나도 웃음이 터졌다. 아이를 낳은 여자들은 공감할 수 있다며 갑자기 마음이 맞아 버렸다. 다음 날 부산에 내려오면 차를 찾으러 가겠다며 전화를 끊었다.

글쓰기도 주차장에 차를 대는 것과 같다. 차를 주차했으면 마지막엔 출차를 해야 한다. 글의 시작을 주차하는 이야기로 했다면 맨 마지막에 차를 타고 출구로 나가는 모습을 그려 주는 방식이다. 이렇게 적으면 글을 읽는 독자는 책의 처음을 기억하며 마무리까지 눈앞에 그릴 수 있다. 장갑을 벗고 식당에 들어갔으면 밥을 다 먹고 다시 장갑을 끼는 장면을 쓴다. 든든하게 밥을 먹고 새로운 희망을 꿈꾸는 장면을 독자들이 상상할 수 있게 적는 것이다.

"빠사삭!"

영화가 막 시작되려는 순간이었다. 내 모든 기대와 여유와 야릇한 흥분을 한 방에 깨부수는 소리가 들렸다. 옆을 돌아봤다. 웬 아저씨가 예의도 기본도 없이 과자를 씹어 대고 있었다.

(중략)

불이 켜졌다. 사람들이 자리에서 일어서기 시작했다. 옆자리 아저씨도 벌떡 일어섰다.

"저기요, 아까는 미안했어요."

능글맞은 웃음과 사과 한마디를 남기고는 홀연히 영화관을 빠져나갔다. 맥이 풀렸다. 일어설 힘조차 없었다. 난 대체 두 시간 동안 뭘 한 걸까?

이은대 작가의 《책쓰기》 책을 보면 영화관에서 있었던 일을 적은 꼭지가 나온다. 오랜만에 가족들과 영화관에서 영화를 보려는데 옆자리에 앉은 아저씨의 과자 먹는 소리 때문에 집중하기가 어렵다. 조용히 해 달라는 말에 대꾸 없는 아저씨를 영화 내내 마음속으로 어떻게 반응을 할까를 고민하는 글이다. 영화가 끝나고 불이 켜지는 장면으로 이어진다. 독자는 내내 영화관에 앉아 있는 장면을 상상하며 따라온다. 과자 소리로 시끄러웠던 아저씨의 사과로 싱겁게 끝나 버린 대결은 시작도 못 하고 마무리된다. 두 시간 내내 영화에 집중하지 못한 자신을 탓하는 문구로 마무리한 뒤 독자에게 메시지를 전달한다.

처음에는 글쓰기가 너무 어려워서 구구절절 상황을 적었다. 설명 글만 잔뜩 적고는 맨 마지막 두 줄에다 목적을 적었다. 이제는 시작하는 장면을 그려 준 뒤 핵심 메시지를 글의 중반에 적어 독자에게 말하고자 하는 바를 전했다. 어떤 일을 겪으면서 성장했는지, 걸림돌을 어떻게 밟고 넘어졌으며 다시 일어섰는지를 글 가운데에 적어 독자들은 자연스레 이야기 속으로 따라오도록 적었다. 다시 처음에 시작했던 내용의 마무리를 적어 준다. 마치 '지갑을 열었는데 그 안에 어떤 돈이 들어 있더라, 때로는 편지도 있고, 어머니의 가락지도 들어 있었다. 그리고는 그 지갑을 닫았다. 지갑을 주머니에 넣고 자리에 일어섰다. 가슴속에 어머니의 사랑이 느껴졌다.'라는 식으로 봉합했다. 시작과 끝으로 마무리하는 글은 자연스러우면서도 편안하게 독자에게 메시지를 전달했다.

이렇게 아버지 주차장에서 있었던 일을 생각하며 글을 적어

쓰면 달라진다

보니 비단 나만 차를 어디에 세웠는지 기억 못 한 게 아니란 걸 알게 되었다. 차 위에 도시락을 올려놓고 운전하거나 차를 세워 놓고 볼일 보고 다른 차를 타는 경우 등 명절 때마다 단골 이야기가 되는 추억으로 주차한 일들이 많았다. 하버드 총장이던 드루 파우스트는 졸업생들에게 '성급하게 주차해서는 안 된다'고 말했다. 더 가까운 자리를 찾지 못할 것이라는 걱정에 열 블록 떨어진 자리를 잡지 말라고 했다. 크게 한 바퀴 돌아오면 원하는 자리로 갈 수 있다는 뜻이다. 글쓰기도 마찬가지다. 원하는 자리에 주차하고 출차하기 위해 시작과 끝을 볼 필요가 있다. 한 가지 당부하고 싶은 말이 있는데, 글쓰기를 하라고 해서 반드시 작가가 되어야 한다는 부담은 갖지 말았으면 좋겠다. 면허증을 땄다고 해서 고속 도로부터 달리라는 말은 아니다. 책을 쓸 때는 운전 강사나 주차 요원이 되어야 한다. 운전대를 잡은 사람 옆에서 고함치고 화내지 말고, 알려 주고 칭찬해라. 지금 당신의 경험과 조언을 필요로 하는 사람이 절실한 마음으로 당신의 책을 기다리고 있다는 사실을 잊지 말아야 한다. 작은 골목골목을 달리는 즐거움을 느껴 보게 만드는 것이다. 숨겨진 은신처 같은 카페를 발견하고 커피 한 잔하는 여유처럼 글쓰기가 당신을 운전대가 되어 길을 안내할 것이다.

3-13.

하마터면 엄청나게 잘 쓸 뻔했다

정인구

　처음 글을 쓸 때 누군가가 비판할 것 같아 쓰기가 힘들었습니다. 하지만 전혀 신경을 쓸 필요 없습니다. 사람들은 생각보다 남의 일에 관심 없습니다. 특히, 초보 작가인 내게 관심 있는 사람은 별로 없습니다.

　글쓰기 수업을 받으면서 글을 쓸 때 어떻게 글을 채워야 할지 막막했습니다. 억지로라도 꾸역꾸역 썼습니다. 깜박이는 모니터 속 커서만 보다가 한 문장도 쓰지 못할 때도 있었습니다. 극심한 스트레스가 쌓여 그만두려고 했습니다. 내가 읽어 봐도 글이 아니었습니다. 이런 글을 누가 보기나 할까? 창피당하면 어쩌지? 술 초빼이가 쓴 글이 보나 마나지. 쓰레기통으로 바로 갈 것 같은 생각이 들었습니다. 구더기 무서워 장 못 담그나요. 신경을 쓰지 말고 그냥 쓰기로 했습니다. 내가 생각한 것처럼 사람들은 내게 관심이 없습니다. 매일 정해진 시간, 매일 그 자리에서 키보드를 그냥 두드리면 됩니다.

첫 책이 나왔습니다. 기쁘고 행복한 순간도 잠깐, 힘들게 출간한 책인데 보기 싫었습니다. 누군가 읽을까 두렵기도 했습니다, 괜히 내 치부만 드러나는 건 아닌지. 부끄러웠습니다. 직장 동료나 친한 지인 위주로 책을 보냈습니다. 나를 비판할 만한 사람이나, 똑똑하고 책을 많이 읽었을 법한 사람에게는 보내지 않았습니다. 남들은 자기 책이 나와서 황홀하다느니, 기쁘다며 길길이 날뛰는 사람들이 이해가 가지 않았습니다. 내 치부를 드러나게 하는 것 같아 불편했지요. 나중에 안 사실이지만 내가 보낸 책을 끝까지 읽는 사람은 드물었습니다. 드러내 놓고 비난하는 사람은 없었습니다. 초보 작가가, 그것도 입사하고 33년 동안 술만 마셨던 내가, 책 1권도 제대로 안 읽었던 내게서 무슨 좋은 글이 나오겠어요. 그냥 있는 그대로 보여 주면 그만인 것을 그때는 그걸 몰랐습니다.

첫 책을 출간 후 한동안 글을 쓰지 않았습니다. 내 글이 내 치부처럼 느껴졌기 때문이지요. 그러다가 아내와 함께 회사 교육원 글쓰기 교육을 수강했습니다. 아내는 거침이 없고, 남을 설득하는 재주가 있습니다. 갑자기 강단으로 올라가더니 교육생을 보며 말했습니다. "우리 함께 공저를 출간합시다." 어쩌다 공저 첫 책 《어머, 공무원이었어요》가 출간되었습니다. 회사 대표 배려로 '광화문 교보문고'에서 저자 초청 특강 및 사인회를 했습니다. 개인

책이 아니라 공저라 부담이 적었습니다. 동네방네 홍보하고, 과감하게 배포했습니다. 공저라 비판받아도 묻혀 갈 것 같아 부담이 덜 되었습니다. 공저 한 권을 출간하니 자신감이 생겼습니다. 독서 모임 회원들과 함께 공저 두 번째 책 《변하지 않는다고요? 웬걸요!》를 출간하고, 세 번째 공저 《상처 하나, 문장 하나》를 출간했습니다. 개인 저서보다 훨씬 부담이 적었습니다.

이번이 공저 네 번째 책입니다. 이러다 공저 전문가 되겠습니다. 그런데 이번에는 부담이 되어 쓰기 힘듭니다. '글쓰기 코치 글이 이 모양이냐?'고 미래 수강생이 비웃는 것 같습니다. 잘 쓰는 작가님들하고 비교될 게 뻔하기도 하고요. 미루고 미루다가 아내에게 하소연했습니다. "꼴랑 3꼭지 쓰면서 뭐가 부담되냐고." 어느 때인지 몰라도 아내는 남자로 변했습니다. 뚱한 표정으로 방으로 와서 다시 글을 씁니다. 점점 작아지는 내 모습을 봅니다. 그래, 내 모습 이대로. 쓰면 된다. 이게 난데.

글쓰기 강의만 듣고 글을 쓰지 않았습니다. 글 쓰는 데 자신이 없었습니다. 미라클 모닝을 하면서 딱 1년만 글을 써 보자고 결심했습니다. 이찬영 작가의 책 《거인의 어깨》를 보고 블로그에 한 편씩 글을 올립니다. 이 책은 책 상단 5~7줄, 공자님 말씀 같은 글이 있고, 나머지 부분은 필사하거나 자신의 느낀 점을 쓰게 구성되어 있습니다.

쓰면 달라진다

서비스는 상대방의 입장을 헤아리는 것으로부터 출발한다. 내가 상대방이라면 마땅히 얻기를 기대하는 것, 그 이상의 서비스를 베푼다면 상대방은 틀림없이 마음에 따뜻함을 간직하고 기회가 있을 때 더 큰 것으로 보답할 것이다. 더 많고 더 나은 서비스가 꼭 더 큰 비용 투자를 의미하는 것은 아니다. 작은 것일지라도 상대의 마음을 정확히 헤아려 진심을 전달하면 좋은 서비스가 된다. #더_나은_서비스_제공하기

당신의 업무가 무엇이든 상관없이 항상 당신이 기대하는 것보다 더 많은, 더 나은 서비스를 제공하십시오.

Always render more and better service than is expected of you, no matter

what your task may be. _오그만디노(Og Mandino, 미국 작가, 1923~1996)

매일 아침 5시부터 6시까지 미라클 모닝 모임 회원들과 글을 쓰고 단톡방에 공유합니다. 저는 글을 이렇게 씁니다. 첫째, 《거인의 어깨》 오늘 글 내용을 보고 키워드 3개를 뽑습니다. 둘째, 키워드 3개를 참고하여 주제문을 만듭니다. 셋째, 주제와 관련된 키워드를 '챗 GPT', 'MS Bing'에 문의합니다. 글에 대한 새로운 아이디가 떠오릅니다. 넷째, 관련 키워드 원어를 검색하고, 명언도 검색합니다. 다섯째, 주제와 관련된 내 경험을 끄적입니다. 잘되지 않았던 경험, 잘되었던 경험. 위 일련의 과정 내용을 계속 노트에 끄적

입니다. 끝맺는 메시지는 검색한 명언을 나의 어록으로 각색해서 씁니다. 여섯째, 독서 노트도 봅니다. 일곱째, 이은대 작가의 《글쓰기 템플릿 21》 전자책을 보고 유형을 선택합니다. 노트에 끄적이다 보면 생각이 확장됩니다. 노트에 기록된 내용을 블로그에 옮겨 적습니다. 이렇게 하면 2시간이 훌쩍 지나갑니다. 155일째 쓰고 있습니다. 진즉 쓸 걸 그랬습니다. 딱 1년만 해 보려고 합니다.

미라클 모닝 리더가, 독서 모임 리더의 글이 이 모양이냐고 핀잔받을 생각이 들어 한동안 단톡방에 올리지 않다가 지금은 이곳저곳 단톡방에 올립니다. 혼자 글을 쓰고 보관하는 것보다 공개하게 되면 글 쓰는 데 신경을 더 쓰게 됩니다. 글이 좋아지는 것 같기도 하고요.

하마터면 엄청나게 잘 쓸 뻔했습니다. 남의 시선에 자유로울 수는 없지만, 사람들은 나에게 별 관심이 없습니다. 내 글이 나를 알지도 못하는 사람들의 입방아에 오르내리는 말은 신경 쓸 가치조차 없습니다. 그냥 내 글을 덤덤히 쓰면 좋겠습니다. 닥치고 쓰라고들 합니다. 세상 사는 모든 게 그렇듯 지나고 보면 아무것도 아닙니다.

3-14.

솔직하고 담담하게 있는 그대로

(최수선)

남편과 싸웠습니다. 아이들 키우는 게 내 마음 같지 않습니다. 황당한 일을 겪었습니다. 어디에 대고 말할 곳이 없습니다. 스트레스를 풀 방법도 딱히 없습니다. 이곳 남아공에는 노래방도 없지만 노래해서 스트레스 푸는 타입이 아닙니다. 조용히 바람이라도 쐬고 오고 싶지만 혼자 떠날 용기가 없습니다. 실컷 사고 싶었던 물건 사며 스트레스 풀까 싶지만, 딱히 살 것도 없고 충동구매 비용은 사치라 망설입니다. 먹는 걸로 스트레스 풀어봤자 살만 찝니다.

"스트레스 쌓이면 어떻게 해요? 주로 어떤 방법으로 스트레스를 푸나요?"

일전에 누군가 제게 이런 질문을 했습니다. 그때는 초보 작가로 막 입문할 시기였습니다.

"제가 스트레스를 푸는 방법은 글쓰기입니다."

서슴없이 말했습니다. 거짓말 마라 할지도 모르겠습니다. 글 쓰는 걸로 어떻게 스트레스가 풀리냐고요. 글 쓰다 오히려 스트레스 쌓이는 거 아니냐고요. 그렇게 말해 놓고 당시에 저도 좀 놀랐습니다. 내가 글쓰기로 스트레스를 풀고 있구나. 스스로 참 건전하다고 생각했죠. 때로는 달콤한 커피 프라푸치노 한잔 마셔야 스트레스가 풀리는 날도 있습니다. 그렇게 시원하고 달달한 음료 한잔하며 '그래, 인생 뭐 있나. 이렇게 기분 전환하며 사는 거지.' 하면서요. 그러나 대부분은 글 쓰면서 화를 삭이고, 우울한 마음을 달랩니다. 하얀 종이 위에 검은 글씨로 속상한 마음을 가감 없이 타닥타닥 새기고 당시의 기분을 나열합니다. 과거 겪었던 좋지 않았던 기분이 다시 찾아왔을 때, 언젠가 겪었던 일과 비슷한 경험을 했을 때도, 난생처음 어찌할 바 모르는 일을 겪었을 때도 노트북을 켭니다. 기분과 상황을 모조리 적습니다. 그렇게 글쓰기를 해 왔습니다. 크고 작은 일들을 전부 글로 적다 보면 뒤죽박죽이 됩니다. 처음에는 무조건 내 안에 있는 감정을 모두 하얀 화면에 적어 나갑니다. 그냥 막 쏟아 냅니다. 신기한 건 감정을 쏟아 내다 보면 사건의 처음부터 끝까지 시간의 순서에 따라 나열하게 됩니다. 자연스럽게 몽땅 적게 되지요. 상대방에 대한 비난과 욕설도 적는 날도 있습니다.

쓰면 달라진다

다 쓴 글을 읽어 내려 가다 보니 '이건 내가 좀 너무했나?' 생각이 듭니다. 조금 더 순화시켜 글을 바꿉니다. 내 기분을 적다 보니 상대방이 보입니다. 나만 억울했나, 나만 속상했나, 처지 바꿔 생각해 봅니다. 그렇게 적다 보면 자아 성찰 하는 글로 방향이 바뀝니다. 화나서 시작한 글쓰기가 나를 돌아보게 만듭니다. 상대방을 고려하게 만듭니다. 물론 모든 글쓰기가 늘 그렇지 않을 수도 있습니다. 그러나 글로 내 마음 쏟아 내기는 필요한 작업입니다. 의도한 게 아니지만, 내 감정을 설명하기 위해 상황을 매우 구체적으로 적게 됩니다. 당시 상황을 다시 곱씹게 됩니다. 글로 표현하려니 주변 환경도 떠오릅니다. 눈에 담았던 장면을 그대로 글로 풀어 냅니다. 글쓰기는 점점 더 세밀해집니다.

그저 내 이야기를 글로 남겼을 뿐인데, 독자가 읽고는 글이 재미있다고 합니다. 솔직하게 적었을 뿐인데 진정성이 느껴졌다고 말합니다. 내 경험을 적었는데 비슷한 경험이나 감정을 느꼈을 때가 생각나 공감이 됐다고 말이죠. 내 글을 읽고 나도 한 번 써 볼까 자극을 받았다 합니다. 솔직한 나의 이야기를 독자가 꽤 읽을 만했나 봅니다. 나 좋자고 시작한 글쓰기가 다른 사람에게 영향력을 끼치는 걸 알면 더는 글을 함부로 쓰고 싶지 않습니다. 이제 좀 더 건강하고 도움이 되는 글쓰기가 하고 싶어지거든요. 나만 보면 되는 글은 막 적어도 누가 뭐랄 게 없습니다. 감정만 쏟아 놓고 닫아도 그만입니다. 일기 쓰기가 그렇지요. 일기만 매일 적는다고 해도 글은 나아질 겁니다. 안 쓰는 것보다 나으니까요.

그러나 나만의 소유물이 아닌 다른 사람과 공유하려면 반드시 수정 과정을 거쳐야 합니다. 이 과정이 퇴고입니다. 초고에서 군더더기를 빼고, 중복된 말을 뺍니다. 읽다 보니 어색하거나 연결이 부드럽지 않은 부분도 고쳐 봅니다. 상대방을 지나치게 판단하거나 비난하는 말도 순화시켜 적습니다. 유난히 긴 문장은 좀 더 짧게 잘라 읽기 쉽게 만듭니다. 내가 전달하려는 의도가 잘 전해졌는지 문장을 점검합니다.

진실한 글은 상대방의 마음을 움직이게 만듭니다. 화려한 미사여구를 적은 글보다 솔직하고 담백한 글이 더 잘 읽힙니다. 글에 마음을 적나라하게 쏟아 놓으면 나의 진짜 모습을 마주할 수 있습니다. 그렇게 하루 이틀 그냥 있던 일을 진솔하게 적다 보니 글이 점점 늘었습니다. 글의 양은 물론이고 글이 점점 단정하게 다듬어졌습니다. 글쓰기는 어떤 돋보이는 기술이나 능력이 필요한 게 아닙니다.

아기가 태어나 의사소통을 위해 소리를 내는 가장 기본적인 시작은 옹알이입니다. 말을 배우기 위해 엄마를 모방합니다. 배워 나가면서 하고 싶은 말을 하죠. 그다음이 끄적이는 단계입니다. 뭐라도 적고 그리며 표현합니다. 유치원, 초등학교에 들어가 말하기, 읽기, 듣기, 쓰기를 합니다. 결국, 우리는 삶에서 자연스럽게 배워 말하고, 듣고, 본 것을 그대로 글로 옮길 수 있는 능력을 갖추고 있습니다. 지금 시대는 휴대 전화 문자 메시지로 소통하고, 카카오톡으로 대부분의 의사소통을 하며 삽니다. 하루에도 몇백 개의 카톡을 주고받습니다. 때론 짧게, 혹은 길게 쓰며 대화합니다. 글과 떼려야 뗄 수 없는 삶을 살고 있습니다. 음성을 낼 수 있는 사람 중에 말하지 않고 사는 사람은 없습니다. 말과 글은 우리 삶의 필수 요소입니다.

　글쓰기는 연기가 아닙니다. 그저 편안하게 내가 평소에 말하듯이, 누군가와 말로 글로 대화하듯이 적어 내려 가면 됩니다. 결국, 감정을 글로 바꾸는 연습을 하다 보면 말하는 것도 편해집니다. 감정을 속에 담아 두는 사람보다 겉으로 표현하고 자꾸 꺼내는 사람이 정신도 건강합니다. 내 삶을 그대로 보고, 듣고, 경험하고, 느낀 점을 솔직하게 쓰면 됩니다. 솔직하고 담담하게 일상을 그대로 옮겨 적는 것이 글쓰기 습관을 만드는 가장 좋은 방법입니다.

3-15.

글쓰기를 쉽게 시작하는 여러 가지 방법

$\boxed{황상열}$

2015년 살을 빼고 체지방을 12~13%까지 줄여 보겠다는 각오로 운동을 열심히 하던 시절이 있었다. 퇴근 후 매일 헬스장에서 2시간 동안 근력 운동과 유산소 운동을 병행했다. 일주일을 기준으로 월요일은 팔 근육 키우기, 화요일은 다리 근육 운동, 수요일은 달리기와 사이클 등등 집중적으로 몸을 만들기 위한 노력을 기울였다. 그렇게 석 달간 운동에 매달리고 식이요법을 같이 하며 10Kg을 감량했다. 근육이라도 1% 없던 내가 체지방 12%의 근육질 몸으로 다시 탄생할 수 있었다.

하지만 그 대가는 혹독했다. 면역력이 떨어져서 뇌수막염으로 처음으로 병원에 입원하게 되었다. 그 이후 운동을 중단하고 다시 예전 몸무게로 회복하기 위해 엄청나게 고기를 섭취했다. 다시 살이 찌기 시작해서 D 라인이 되었다. 그 근육은 온데간데없고 살만 보인다. 야속하다.

2015년 그 시절 운동을 하면서 매일 조금씩 글을 쓰기 시작했다. 5줄 이상 쓰지 못했다. 내 몸이 달라지는 것처럼 글쓰기 근육도 같이 키워 보고 싶었다. 매일 아령 한 개를 더 들 때마다 한 줄을 더 써 보기로 했다. 그렇게 내 팔의 근육이 조금씩 느는 것처럼 글쓰기 근육도 커져 갔다. 병원 신세를 지고 운동을 그만두었지만, 나의 글쓰기는 8년째 계속 진행 중이다. 그만큼 글쓰기 근육도 강해졌다. 그 근육을 키우기 위해서 아래 소개하는 3가지가 필요하다.

1) 많이 경험하고 읽어야 한다.
우선 쓰기 위해서는 글감이 필요하다. 그 글감을 찾기 위해서는 일단 많은 경험을 해야 한다. 직접 경험하기도 하고, 그렇지 못한 것은 독서를 통해 찾으면 된다. 보통 간접 경험이 책을 읽으면서 그 저자의 경험을 흡수하는 것이다. 매일 자신의 일상에서 겪는 일을 모으자. 다양한 책을 읽으면서 머릿속에 글감을 채워넣자.

2) 많이 써야 한다.
1)의 행위로 모은 인풋을 조금씩 글로 옮겨 보자. 그렇게 매일 쓰다 보면 자연스레 글쓰기 근육이 조금씩 커지는 모습을 발견할 수 있다. 나의 일상에서 관찰했던 사물, 만난 사람이나 일어

났던 사건 등을 매일 조금씩 써 보자. 그렇게 매일 반복하다 보면 단단한 글쓰기 이두박근이 보일 것이다.

　3) 많이 생각하자.

　경험하고 관찰하면서 찾은 글감이나 인풋을 글로 옮기기 위해서는 생각이라는 과정을 거쳐야 한다. 바로 쓸 수 있지만 생각이라는 도구를 통해 어떻게 가공하고 정리하여 배치할지 결정해야 한다. 생각을 하지 않으면 날것의 글이 된다. 그런 느낌의 글도 좋지만 그래도 독자 입장을 고려해야 한다. 사색을 통해 독자에게 어떤 인사이트나 해결책, 도움 등을 줄 수 있을지 고민하자. 그렇게 거쳐 나온 글은 많은 사람들에게 도움이 된다.

　SNS가 발달하면서 많은 사람들이 글쓰기에 관심이 많다. 그러나 막상 글을 쓰려고 하면 막막하다. 머리에 떠오르는 생각과 가슴에서 우러나오는 감정 등을 빨리 쏟아 내어 옮기고 싶지만 마음대로 되지 않는다. 또 먹고살기 바쁘다 보니 글을 쓰고 싶은 마음이 굴뚝같지만 피곤해서 뒤로 미루기도 한다. 막상 또 쓰려고 책상에 앉았지만 도무지 진도가 나가지 않는다.

　2015년부터 지금까지 8년째 글을 쓰고 있다. 본격적으로 글을 쓰기 위해 마음먹고, 퇴근 후 늦은 밤 노트북을 켜서 한글 창을 열었다. 막상 쓰려고 하니 첫 줄도 생각나지 않았다. 2시간 동안 멍하니 화면만 바라보다가 졸려서 그냥 잤다.

이러다 영영 쓰지 못할까 봐 다음날 똑같은 시간에 앉아 다시 노트북을 켰다. 여전히 무엇을 써야 할지 기억이 나지 않는다. 어떻게든 한 줄이라도 써야겠다고 생각하고, 무작정 타자를 치기 시작했다. 다섯 줄까지 쓰니 더 이상 쓸 말이 없었다. 무조건 매일 한 줄이라도 더 써야겠다고 다짐했다. 오늘은 글쓰기가 막막한 사람들을 위해 쉽게 시작하는 방법을 한번 나누어 보고자 한다.

1) 시간을 확보하자.

자신의 24시간 일상을 어떻게 보내고 있는지 파악하자. 직장인이라면 아침 9시부터 6시까지 일을 한다. 앞뒤로 출퇴근 시간은 빼야 한다. 잠을 자거나 집안일을 하는 등의 시간도 제외하자. 분명히 자신에게 쓸 수 있는 시간은 2시간 정도 나올 수 있다. 글쓰기를 하기로 마음을 먹었다면 어떻게든 하루에 사용할 수 있는 시간을 먼저 확보하자. 새벽도 좋고, 늦은 밤도 상관없다. 자신에게 가장 맞는 시간에 글쓰기를 할 수 있도록 하자.

2) 공간(장소)을 확보하자.

시간을 확보했다면 어디서 써야 할지 찾아보자. 글쓰기는 공간도 중요하다. 보통 혼자 조용하게 글을 쓰는 사람이 대부분이다. 그런 공간이 집안에 마련할 수 있는지 확인하자. 그게 쉽지 않다면 자신이 좋아하는 커피숍이나 스터디 카페 등을 찾는 것도 좋다.

3) 무엇을 어떻게 써야 할지 5~10분 정도 고민하자.

시간과 공간을 확보했다면 무작정 쓰지 말고 무엇을 어떻게 쓸지 5~10분 정도 고민하자. 마인드맵이나 표를 만들어서 키워드를 적어도 좋다. 구성 방식을 미리 생각해서 그 주제에 맞는 경험이나 감정, 인용문 등을 어떻게 넣을지 생각하자. 미리 준비하면 글쓰기가 수월해진다.

4) 끝까지 쓰자.

한번 쓰기 시작했으면 몰입해서 끝까지 쓰자. 쓰다가 지우다를 반복하면 영영 쓸 수 없다. 처음에 글을 쓸 때는 내가 제대로 쓰고 있는지 아닌지 판단하기 어렵다. 그렇다 보니 글을 쓰다가 망설이게 되고 끝맺음을 하지 못한다. 글은 일단 양을 채우는 게 가장 중요하다. 양을 채워 놓고 계속 퇴고하면 그만이다. 잘 쓰고 못 쓰고를 떠나 일단 자신이 정한 분량을 다 채우는 것이 가장 중요하다는 것을 잊지 말자.

위 4가지 방법을 사용하면 글쓰기를 쉽게 시작할 수 있다. 이렇게 쓰기 시작했다면 매일 같은 시간과 공간에서 양을 채우면 된다. 이렇게 꾸준하게 하다 보면 글쓰기도 쉬워진다. 어렵다고 아무것도 하지 말고, 위 4가지 방법을 오늘부터 적용해 보자. 무슨 일이든 처음에만 어렵다. 일단 시작하면 무엇이든 익숙해진다. 닥치고 쓰다 보면 무엇이든 작품이 된다.

마치는 글

고선해

제 삶의 조각들을 모아 글을 쓰는 가운데 알게 되었습니다. 아리고 고통스러웠던 날들이 모여 경력이 되었고, 노력했던 날들이 모여 환희가 되었음을. 아무것도 아닌 날은 단 하루도 없었음을 글쓰기와 함께 알아 가고 있습니다. 책을 쓸 용기가 나지 않는다면 제가 제안했던 독감일기를 작심삼일로 시작해서 백일만 꾸준히 써 보세요. 하루하루 쓴 글이 모여 책이 됩니다. 책을 낸 사람이 작가가 아니라 매일 글을 쓰는 사람이 작가입니다.

김삼덕

글쓰기는 어떤 상황에서도 위로를 받을 수 있습니다. 희로애락을 담아 나의 감정 정화도 됩니다. 쓰는 사람이 정해지지 않습니다. 누구라도 가능합니다. 일상을 끄적거림부터 시작하면 됩니다. 끄적거림이 모여 책이 된다면 쓰실 수 있겠죠? 저는 글쓰기를 만나 사물을 소중히 마주하게 되었어요. 촉을 세워 일상을 관찰하고 기록하는 습관도 생겼어요. 그냥 주어진 대로 사는 게 아니라 생각하며 사는 삶이 행복합니다. 이 책을 마주한 여러분들도 이 기쁨을 누리시기 바랍니다.

김형준

쓰면서 다시 쓰기. 때를 놓쳐 후회했던 내가 글을 쓰면서 매 순간 후회 없이 살려고 노력 중이다. 일상의 소중함을 몰랐던 내가 평범한 하루를 기록으로 남기며 특별한 날로 기억하는 중이다. 어제보다 조금 더 나은 글을 쓰기 위해 오늘을 잘 사는 중이다. 매 순간 후회 없이 일상을 기록하며 어제보다 나은 오늘을 살기 위해 매일 글을 쓰고 있다. 내가 원하는 삶은 쓰는 대로 이루어진다고 믿는다. 그 믿음으로 오늘을 쓰면서 내일을 다시 써 내려간다.

박지연

단 한 번도 쓰는 삶을 살게 되리라고 예상하지 않았습니다. 우연한 기회에 좋은 사람들을 만나 글을 쓰게 되었습니다. 다시는 아이를 낳지 않겠다고 하는 엄마가 둘째를 낳듯 다시는 글을 쓰지 않겠다고 하고선 노트북을 펼쳤습니다. 잘 쓰고 싶은 마음에 독서와 글쓰기로 아침을 엽니다. 출간하니 여기저기서 '작가'라고 부릅니다. 여전히 어색하지만, 그 이름에 부합하려 하루를 촘촘하게 채웁니다. 쓰면 달라집니다. 나를 대하는 자세도, 나를 감싸는 감정도, 나를 둘러싼 관계도. 삶의 방향마저도 달라집니다.

쓰면 달라진다

백란현

매일 글 쓰는 작가로, 작가의 삶을 전하는 코치로서 오늘도 살아 내려는 각오를 이곳에 기록하고자 한다. 쓰는 삶이 아니었다면 교사, 엄마, 아내, 딸 같이 내게 주어진 삶의 무게로 인하여 하루에도 몇 번씩 역할을 포기하겠다고 변덕부렸을 터다. 쓰는 행위는 나를 견디게 한다. 나를 바라보는 독자들에게 나처럼 쓰는 삶을 선택한다면 앞서 나열한 책무는 나를 지치게 만드는 일이 아니라 나를 지켜내는 임무였음을 전하고 싶다. 독자가 한 명일지라도 작가로 살아갈 사람들은 오늘을 기록하면서 버려 내길 바라본다.

서유정

우리 마음을 진솔하게 글에 맡겨 볼 수 있다면 좋겠습니다. 어떤 이야기도 좋습니다. 글쓰기는 마음 챙김에 훌륭한 도구입니다. 눈에 보이는 세상을 잘 살고 싶다면 눈에 보이지 않는 세상부터 챙기는 것이 중요합니다. 글쓰기로 마음을 돌보고 챙길 수 있었으면 합니다. 마음 세상이 단단하면 삶을 훨씬 힘 있게 살 수 있습니다. 자유롭게 사는 것이 가능합니다. 흰 종이 위에 아낌없이 당신 이야기를 적어갈 날을 응원합니다. 당신 삶이 더 좋아질 겁니다.

송주하

글에 대해 하나도 몰랐던 제가, 어느새 글 쓰고 글 가르치는 사람이 되었습니다. 재주는 없었습니다. 꾸준히 했을 뿐입니다. 어떤 선택을 하든 그 선택을 정답으로 만들어 내면 됩니다. 운명이 이끌었건, 나의 선택이었건 글 쓰는 삶을 살기로 했습니다. 누군가에게 위로를 전하는 방법은 다양합니다. 저는 '글'로서 타인에게 도움을 주기로 했습니다. 더 많이 갈고닦아, 굳이 애쓰지 않아도 누군가에게 용기와 힘을 줄 수 있는 작가가 되려고 합니다. 누군가 나의 글을 읽고 도움이 된다면, 그것으로 충분합니다.

송진설

그림책 《생각을 모으는 사람》에서는 말합니다. 생각을 모으는 사람이 없다면, 생각들은 되풀이되다 언젠가 사라질지도 모른다고요. 글쓰기도 생각을 모으는 일이라 여겨집니다. 단어 하나하나를 존중하며, 소중하게 다루어 책으로 태어나게 하지요. 책을 읽는 사람들의 마음에 내려앉으면 새로운 생각으로 자라게 될 겁니다. 내가 쓰는 글이 누군가에게는 창조의 씨앗이라 생각하니 의미 있고 가치 있는 일을 하고 있다는 생각이 듭니다. 오늘도 적확한 단어를 찾기 위해 고심해야겠습니다.

쓰면 달라진다

안지영

몇 년 전 힘든 일로 막막했던 적이 떠오른다. 글쓰기 덕분에 내 인생이 반짝거리고 있다. 살맛이 난다. 힘 빼고 사는 법을 배우니 매일 아침이 기대되고 잠드는 순간이 아쉽다. 자신을 마주하고 토닥일 수 있어 다른 이와의 소통이 더 수월해졌다. 쓰면 이루어지고 걱정이 줄어든다. 이 놀라운 삶을 더 많은 이들과 나누며 살고 싶다. 사춘기 때 못 자란 '마음의 키'가 크고 있다. 여러 사람에게 성장이 되는 글쓰기를 함께하고 싶다. 더 많은 사람에게 이 소중한 삶을 느끼게 해 주는 것이 나의 소명임을 잊지 않겠다.

원효정

다르게 살고 싶었습니다. 지금까지 하지 않은 일을 해야 지금과는 다른 삶을 살아갈 수 있습니다. 아들 셋 키우면서 하루 11시간 장사하던 나에게 글쓰기는 이전에 하지 않던 일이었습니다. 글을 쓰니 달라졌습니다. 매일 글을 썼을 뿐인데 어느덧 여섯 권의 책을 낸 작가로 살고 있습니다. 어느새 예전의 나와 같은 엄마들을 도우며 살아가는 1인 지식 기업가가 되었습니다. 꿈의 연봉을 벌고 있습니다. 글쓰기는 나로 하여금 살고 싶은 삶을 선물했습니다. 쓰면 반드시 달라집니다. 오늘도 저는 글을 씁니다.

이현주

글을 쓰지 못하고 망설였던 이유, 잘 쓰고 싶다는 욕심 때문이었다. 생각이 많을수록 한 줄도 쓰지 못했다. 키보드에 손을 올렸다. 앞뒤가 맞지 않는 글이라도 그냥 썼다. 쓰다 보니 써졌다. 글쓰기는 '그럼에도 불구하고' 그냥 쓰는 것이었다. 당연히 어렵다. 하지만 작은 습관으로 나만의 글쓰기를 만들어 가고 있다. 글을 쓰면서 내가 달라졌다. 내가 달라지니 내 세상이 변했다. 어제의 나보다 조금 더 성장하는 '라이팅 코치 이현주'가 되고 싶다. 저마다 품고 있는 삶의 경험들, 세상을 잇는 글이 되도록 돕고 싶다.

정은주

인생은 주차장입니다. 아무리 차가 작아도. 아무리 차가 비싸도 한 칸에 한 대만 주차할 수 있습니다. 한 칸이 비어야 한 대가 들어갈 수 있습니다. 한 칸의 주차 비용은 한 대로 계산합니다. 우리 인생도 마찬가지입니다. 그러니 이룬 것도, 가진 것이 없을지라도 다른 사람 인생에 불법 주차 하면 안 됩니다. 당신의 운전대를 잡으십시오. 글쓰기가 당신의 꿈자리에 주차하는 것을 도와줄 것입니다.

쓰면 달라진다

정인구

무려 33년! 술로 삶을 허비했다. 삶과 가정이 엉망이었다. 후회했다. 시간은 금방 지나가고, 지나간 시간은 되돌릴 수 없다. 6년 전 술을 끊고, 책을 읽고, 글을 쓰며 치열한 삶을 살아왔다. 많은 사람에게 배우고, 배운 것을 나누었다. 삶도 가정도 회복되었다. 인간은 누구나 소명을 갖고 이 땅에 왔다. 그 소명을 완수하고 가야 한다. 많은 사람에게 도움을 받았다. 나도 베풀고 싶다. 「글쓰기로 세상을 풍요롭게」 누군가 꿈을 이루어 주는 라이팅 코치로서 함께하고, 돕고 싶다.

최주선

글쓰기는 특정한 사람만 할 수 있는 위대한 모험이 아니다. 어떤 대단한 기술이나 능력이 있어야만 쓸 수 있는 것도 아니다. 삶에서 일어나는 모든 일을 누군가에게 이야기하듯 덤덤하게 써 내려 가는 작업이다. 그렇게 계속해서 기록하다 보면 스스로 더 단단해지는 경험을 하게 된다. 어쩌다 한 번 내킬 때만 쓰는 게 아니다. 매일 그저 묵묵히 일상을 기록하면 된다. 내 삶의 경험을 통해 얻은 지혜와 통찰력을 글을 통해 다른 사람에게 전할 수 있다. 글쓰기는 나와 타인을 성장하게 만드는 도구다.

황상열

자신의 인생이 잘 풀리지 않아 좌절하거나 감정의 소용돌이에 빠진 사람들에게 글을 써 보라고 권하고 싶다. 무슨 대단한 문학 작품을 쓰는 작가가 되라는 것이 아니다. 글을 쓰게 되면 자신을 객관적으로 돌아볼 수 있게 된다. 감정의 찌꺼기에서 벗어날 수 있다. 새로운 희망을 품을 수 있다. 책 한 권 내고 더 이상 글을 쓰지 않은 사람이 되지 않았으면 좋겠다. 매일 쓰는 당신이 진짜 작가다. 그대로 살아 그대의 글을 남겨라. 쓰면 달라진다.